微服务，心体验

李方 编著

中国原子能出版社 中国科学技术出版社

·北 京·

图书在版编目（CIP）数据

微服务，心体验 / 李方编著 . —北京：中国原子
能出版社：中国科学技术出版社，2022.12
ISBN 978-7-5221-2194-9

Ⅰ . ①微… Ⅱ . ①李… Ⅲ . ①企业管理—销售服务
Ⅳ . ① F274

中国版本图书馆 CIP 数据核字（2022）第 189671 号

策划编辑	赵　嵘
特约编辑	韩沫言
责任编辑	张　磊
封面设计	仙境设计
版式设计	蚂蚁设计
责任校对	冯莲凤　焦　宁
责任印制	赵　明　李晓霖

出　　版	中国原子能出版社　中国科学技术出版社
发　　行	中国原子能出版社　中国科学技术出版社有限公司发行部
地　　址	北京市海淀区中关村南大街 16 号
邮　　编	100081
发行电话	010-62173865
传　　真	010-62173081
网　　址	http://www.cspbooks.com.cn

开　　本	880mm×1230mm　1/32
字　　数	198 千字
印　　张	10.5
版　　次	2022 年 12 月第 1 版
印　　次	2022 年 12 月第 1 次印刷
印　　刷	北京华联印刷有限公司
书　　号	ISBN 978-7-5221-2194-9
定　　价	69.00 元

推荐序

读完这本书，我的最大感受是：作为一个品牌，服务要提升到战略高度，而不是仅仅停留在口号阶段；服务要形成价值输出，而不是仅仅帮客户解决问题；服务要主动设计，而不是被动响应。

随着时代的不断发展和竞争的日趋激烈，客户需求也在不断升级，细节服务、温度服务、惊喜服务已经成为现代化服务经济的关键要素。

服务不是简单做出来的，而是系统化地、精确地设计出来的。不同的商业/业务模式需要不同的服务模型，服务模型的建立来自公司管理运营中各个环节的升级与创新——每一个触点都是服务的起点，每一项服务都体现着品牌的内涵。服务是品牌传播和流量提升的重要抓手，把握好客户的体验感已经成为管理与营销的核心之一。

有温度的设计是在细微处用心，围绕客户去做设计，找到客户在该场景下的关键触点，进行全面的研究，最终成为有体系、有流程、有温度、有价值的整体服务体验并输出给客户，让客户获得更加美好的体验，促进客户在当时业务场景中的留存与转化。

"成大业若烹小鲜，做大事必重细节"，本书系统地阐述了如何从客户角度出发，设计微服务，创新"心体验"，用不高的服务成本赢得客户的口碑传播，带动品牌与产品的价值提升。从细节、流程和业务场景，开创企业差异化服务的模式，打造企业不可复制的核心竞争力。

本书从理论依据，到整体模型架构，再到具体执行流程一气呵成，同时引用了大量的实操案例，启发性强，成体系，易上手。向计划在服务领域有所创新和提升的企业管理者推荐本书。

富格曼国际集团董事长、汉威国际能源董事长、

伍仟卷文化科技董事长、华人管理教育第一人

余世维

体验时代服务为王

在企业经营发展中，赢利能力始终是核心衡量指标之一，传统的降本增效始终存在天花板，而通过极致服务让客户感知美好，进而提升品牌价值和影响力，提升溢价能力和客户忠诚度/满意度，是提升持续赢利能力、提升赢利水平的重要方向。

让客户感知美好看似简单，实际做起来并不容易，这需要企业给予客户超预期的服务，让他们形成强烈的满意度，然后客户才会觉得企业好，从而爱上企业的品牌和服务，成为企业的口碑宣传员。

什么样的服务是能让客户感知美好的服务呢？

那就是想办法让客户在接触你的那一刻开始就保持非常好的心理感受，最终让他们心甘情愿为你的服务付费，下次还来光顾，并且还会告诉他的朋友"你的服务最好"。因此，无论是大企业还是小企业，餐饮店还是银行，零售店还是连锁店，都需要致力于提供高品质的服务。这在这个时代特别重要。

企业的持续竞争力与技术、规模和先发优势相关，更与每一个客户的忠诚度有关，这件事对企业发展更简单、更可靠。当客户成为忠诚客户时，一切都会改变。在忠诚客户的心里，你是市场上唯一的商家，所有其他品牌和商家都进入不了他们的视线，忠诚客户的眼里只有你。而忠诚度来自好服务，很难想象一家不能够为客户提供好服务的企业，能够在这个世界上存活多久。在服务决定一切的时代，能否为客户提供周到、细致、满意的服务，决定了一家企业的今天和未来。

　　服务是企业的灵魂，这是一个体验经济、服务为王的时代。

　　好的服务让客人感到满意，更好的服务让客户感动。每一天人们都在经历各种服务体验，或令人愉悦或令人不快。各种服务细节，一个眼神，一句话，或者一段音乐，甚至一种气味都会带给人们不一样的体验，很多时候人们很难说出为什么这些细节影响了自己，然而就是被影响了。我们从游玩迪士尼感受到的服务体验说起。

　　2017年上海迪士尼开园，虽然当天接待游客数量上万，每个项目人头攒动，但园里秩序井然，环境干净整洁，我们一家人玩得兴致勃勃，唯一的遗憾是几个热门项目没有排上。所以，2020年上海迪士尼作为全球唯一一家营业的迪士尼再次开园时，孩子又兴奋起来，说我们再去一次吧。再游迪士尼，我们选择下午入园。

下午4点，刚刚还是烈日当头，转瞬间雷雨大作。大雨过后，散去的游客再次聚集到道路两旁，期盼着等待已久的花车。第一方阵是我们熟悉的米奇、高飞还有布鲁特，看着伴随我们成长的卡通形象，听着耳熟能详的音乐，大人们开始热烈鼓掌，孩子们开始蹦蹦跳跳。花木兰花车的出现掀起了高潮。《花木兰》主题曲响起，高头大马上坐着花木兰，惊艳的亮相引起游客不停拍照，雨水让她的妆容有些模糊，发型有些凌乱，但她的脸上却洋溢着最动人的笑容。她器宇轩昂，向游客挥手致意，游客更加兴奋和激动，大家使劲鼓掌、挥手、呼唤，仿佛真的来到了童话世界，找回了童年的快乐，现场的氛围瞬间被点燃。直到花车巡游结束，大家才渐渐散去，开心之余，意犹未尽。

这就是体验，没有太多的奥妙，从热情洋溢的笑容到挥动手臂的互动，最终成为游客回忆中的亮点，也是会津津乐道向他人讲起的经历。对于每一位游客来说，这些时刻就是美好的回忆。而对每一位演出人员，这可不只是某一天的表演，而是日复一日地坚持将表演做到极致。事先设计的剧本加上演出人员的反复演练决定了一次又一次的绝佳体验。

所以，什么是"微服务，心体验"呢？那就是打动人心的体验，并不是投入大量人力物力换来的，而是需要用心体会客户需求，设身处地地感受客户情绪，比消极的服务多一点坚持，比标准的服务多一点温度，比传统的服务多一点创新，细微之处见真章，细微之处品真情。这也是我写本书的初衷，好服务是设计的，如果能设计出低成本高感知的体验，如果能推广"简流程、轻环节"的服务，那么这样的服务既能让客户感受温暖和惊喜，也能让一线的服务员工热爱自己的工作且不需要付出太多的代价。向服务要利润，用体验换未来，这才是企业持续发展的康庄大道。

本书首先从"体验时代，消费者为体验买单"的角度切入，强调体验的重要性。之后，进一步阐述什么是微服务，什么是"心"体验及如何做好这几点。

我相信，用细微的服务、打动人心的体验去感动客户，让客户成为传播大使，超越竞争对手，最终会换来企业的持续发展。

希望读完此书的朋友可以从中获益，并且希望本书的内容能够指导您的生活和工作，用专业赢得信任，用服务赢得尊重与回馈。

目 录

第六章 小景大爱之员工体验 / 279

第一章

体验时代已经来临

第一节
体验无所不在

* * *

一、这是消费者为体验买单的时代

随着经济的发展和迭代，人类已经从农业经济时代、工业经济时代，进入到知识经济时代。现在又兴起了互联网经济和服务经济，而二者都离不开体验。体验时代的到来，最大的变化在于需求的变化。就像马斯洛需求层次理论讲的那样，人的需求是由下至上，逐层产生的，当低层次的需求被满足，高一层次的需求就会产生。体验时代，人们的生理需求、安全需求已经基本得到满足，而更高层次的归属需求、尊重需求和自我实现需求被重视。体验时代区别于传统经济时代的一个重要特征就是可以满足人类更高层次的需求。

传统商品经济时代，企业把更多的注意力放在生产什么、怎么把生产出来的东西卖出去并且卖得更多，利润更大，主要关注点都集中在产品、价格、渠道和促销上面。随着消费的升级和时代的变化，互联网更加便捷且新零售打通线上线下全渠道，使得产品和服务在哪儿都能买得到，于是消费者的需求就开始变为"买得好，买得爽"。如果企业还仅仅是注重产品、渠道以及价格，无疑会使边际效益越来越低。虽然产品的质量依然不容忽视，但消费者选择产品的时候，可选的同类产品范围太广了，最后能够驱动消费者的一定是服务，一定是选购产品或享受服务过程中的不一样的体验。

📁 案 例

雷克萨斯用细节体现品牌服务理念

还记得2012年，我的好朋友告诉我她准备买A品牌的轿车了，周末的一天早上她和她先生就兴致勃勃地打算去看车，他们打电话到门店联系试驾，以为会有人热情地接待，没想到对方没说几句就急于挂掉电话。因为正值周末，店内有很多看车试驾的客户，店员忙于现场接待，无暇耐心接听一个普通的热线咨询。挂上电话，朋友的先生说那我们去看雷克萨斯吧，他们也离我们不远，先打电话联系下。电话预约好后，他们出发先去看雷克萨斯。去的路上，雷克萨斯店员就打来电话，关心他们是否能找到门店，因为有个岔路很容易开错方向（10年前还没有高德地图应用）。等快到4S店时，二人发现电话联系过的店员和他的同伴已经提前到门口迎

/ 微服务，心体验 /

接。到了店里，店员已经备好茶点，准备进行详细的介绍。当天店内看车试车的人也不少，但现场井然有序。最后的结果不用我说，大家也能猜到，原准备买A品牌轿车的朋友购买了一辆雷克萨斯的轿车。她的原话是："我还没买A品牌的产品，体验就不好，买了后更不会好。选择雷克萨斯，就是相信他们的服务。"一辆40万元的轿车，最后客户因为服务体验做了决策。

如果你看过《服务就要做到极致》一书，那么你就会了解，我朋友的这次购买体验绝非偶然。这本书讲述的雷克萨斯星丘店凭借首屈一指的订单量和稳居榜首的车主满意度，在业界享有盛誉。星丘店的保安会向路过的每一辆雷克萨斯鞠躬行礼，接线员能记住上千位顾客的电话，销售人员会为年长的车主手绘说明书。这体现了服务领域的匠人品质，就是把服务做到极致的品牌文化，他们的用心服务铸造了销售奇迹。

体验时代的重心从以"产品为本"变成"以人为本"，这是和以往商品经济时代最大的差异，这种差异正在重塑商业。体验思维在体验经济中具有原生优势，在认知升级的基础上，品牌运用体验思维能够以人为本创造可持续的价值。商业创新没有穷尽，企业未来必将设计出更多丰富且触动人心的体验，只有这样才能走得更远。单凭"商业模式"就能制胜的时代一去不返了，无体验不消费，客户体验良好的企业，将会获得更多的客户、更多的利润和更快的成长。当你的竞争对手都在拼命关注客户体验时，你却对此无动于衷，那么等待你的必将是淘汰出局！

体验时代要求企业的关注重点乃至整个组织架构都必须要转变。体验时代，客户与企业的每次交互都决定了客户对企业的印象，从产品体验到服务体验，从员工体验到品牌体验，客户每分每秒都在心底为企业打分做评价。同时，由外向内的客户体验反馈，要求公司的关注重点乃至组织架构得到全新转变。只有公司管理层、服务设计人员乃至整个公司文化都将客户体验放在举足轻重的位置，企业才能在这个群雄逐鹿的新一轮商业竞赛中立于不败之地。

这是一个消费方式和生活方式发生改变的时代，这也是一个消费者肯为美好体验买单的时代，消费者不再满足于获得产品或服务的单一功能。

在体验时代里，消费者愿意为自己体验的商品、服务、感受支付一个可以接受的价格。这个价格往往会高于企业投入的成本。而企业的角色也从之前的生产者和服务者变成体验策划者和服务设计者。企业不仅提供商品或服务，还提供体验，最终给消费者留下难忘的愉悦记忆，从而让他们对企业产生信赖和不断追随的意愿。

　　未来的消费者无论是年轻化还是老龄化，经济水平与教育程度决定了他们对消费产生新的认知与需求，个性化、参与感、认同感、体验感对每个人来说都尤为重要。

　　对于服务本身而言，我们已经并不陌生。经历了激烈的市场竞争之后，服务所表现出来的价值，已经不再是简单地为产品带来影响。服务从战略的层面让企业和客户之间构建了一个全新的关系。这种关系决定了服务好客户为企业带来的价值，也决定了企业通过用心服务为客户带去的真正价值。因此，企业在整体运营过程中，需要体现服务创新、服务思维升级。

二、独特体验受到新一代的青睐

　　后浪已来，体验经济正在不断崛起。我们生活在一个全新的时代，一个智能的时代。我们的商业视野需要超越和拓展，不仅要把眼光放在产品设计和实际服务上，也要放在消费者对产品或服务的期待上，放在如何能够通过产品或服务对消费者产生影响，引起他们的注意，并使其获得良好的体验，从而让他们积极主动地接受产品和服务。人工智能时代，体验的创新才能赢得年轻人的追捧和信赖。

　　作为互联网时代原住民的年轻一代，对产品和服务的需求和态度与上一辈有很大不同。他们不仅在意产品和服务的品质，在生活中还会受到"发展"和"享受"的驱动，需要强烈的体验感，这样才会认同一个品牌和服务。这意味着，年轻人已不仅是具有全新消费观念的体验者，还成为创造全新商业形态的先锋势力，而这种全新的商业形态就是"体验经济"。

🔍 案例

海底捞用新颖服务征服年轻人的心

1994年成立的海底捞，一直走在服务体验创新的前沿。擦皮鞋、做指甲、提供跳棋等服务，已经不能满足"95后""00后"的需求，所以，海底捞又推出了新的服务，比如给城市里的单身一族送上大熊玩偶陪同吃饭，对着大熊唠叨几句，大熊就是那个忠实的听众。喜欢热闹的年轻人，过生日喜欢呼朋唤友一起欢度，到海底捞过生日就是一种特别流行的方式。十几个服务员会把寿星围住，他们举着灯牌、仙女棒，跳着欢快的舞蹈，唱着那首经典的《生日祝福歌》。隆重的庆生仪式让整个店的气氛瞬间被点燃。虽然有人说，我不喜欢这样的热闹，太高调了，但对于漂泊他乡的年轻人来说，在生日那天感受到来自陌生人的关怀、来自陌生人的祝福，还是很暖心的。

因为极致的服务体验，海底捞得到了年轻人的大力传播。打开抖音，搜索"海底捞服务"，一条条海底捞的服务视频都体现了顾客们的喜爱和追捧。

除此之外，海底捞还会贴心地提供孕妇服务。孕妇是海底捞最关注的服务对象之一，服务员对来到海底捞的孕妇关怀备至。孕妇不用排队直接入座，刚入座就会收到孕妇大礼包，不仅零食多，还有小玩具，用餐过程中服务员还会送来抱枕，让孕妇就餐时坐着更舒服。孕妇如厕要用坐便，服务员会准备一次性的马桶贴。临走前服务员还会送上打包的水果，因为多吃水果会对宝宝皮肤好。顾客感叹到只有你想不到没有海底捞做不到的，这种服务真的值得各个行业去学习。

再如免打扰服务。海底捞的热情服务会不会被消费者质疑甚至拒绝呢？2019年的课堂上，曾经有一位广东某银行的学员告诉我，他不喜欢去海底捞，因为服务太过殷勤，他受不了，只想安静地用餐。确实，每个人用餐的需求不一样，有的喜欢被照顾，有的喜欢自己享受独处的乐趣。所以，现在海底捞又推出了免打扰服务，消费者可以拒绝服务，在前台领一个"请勿打扰"的台卡，服务员就会减少服务的频率。更周到的是免打扰服务不是一刀切，顾客可以选择自己下菜，表明自己不需要服务员频繁帮忙，也可以选择不需要细节服务，那么服务员就只提供基本的上菜和清盘服务，其余的时间都会交还给顾客自己，保证其不被打扰。

案例

"熊猫不走"蛋糕——服务的差异化创新

每天都有人过生日，朋友圈常常会有为寿星庆祝生日的幸福画面。选择生日蛋糕是其中最重要的环节之一，市场上从不缺蛋糕品牌，幸福西饼、好利来、元祖都是大家熟知的连锁品牌。2019年，我偶然间看到朋友发了一个视频，那天他家孩子过生日，戴着熊猫头饰的送货员上门为庆生的孩子跳舞。在"熊猫大哥"的带领下，寿星宝宝和他的小伙伴也一起手舞足蹈。短短几分钟，生日的快乐气氛被点燃，房间里充满了欢声笑语。"熊猫不走"，送来的不只是蛋糕，还送来了生日的仪式感和快乐的助燃点。这些仪式感也因此被拍下来并发布到自媒体上传播和分享。除了舞蹈表演，据说还有魔术表演、互动小游戏。如果是幼儿园小朋友过生日，熊猫大哥会给小朋友变出棒棒糖；如果是公司的生日派对，熊猫大哥会准备互动游戏；如果是家庭聚会，熊猫大哥会掏出随身携带的拍立得，为家庭成员拍下全家福，记录幸福的瞬间。可以想象，这样的快乐很容易瞬间激发消费者自发去传播，再加上蛋糕的品质保证，短短3年，"熊猫不走"品牌就在烘焙市场占据了一席之地，并很快冲出广东省惠州市走向全国。

所以，服务是什么？是体验良好，让消费者感觉到新奇、好玩、暖心，最后乐于分享与传播。

"懂我"是"00后"消费者的核心需求。再厉害的商家、再大的品牌也要放下身段，倾听消费者的心声，以求"读懂"年轻的消费者。年轻人很容易被触达，但很难被打动，必须有非常人性化的创新服务以及让年轻人感觉"爽"的体验才能赢得他们的心。

《大牌：打造伟大品牌的7条原则》的作者丹妮斯·李·约恩曾指出，"伟大的品牌瞄准的是消费者的心，而不是他们的钱包"。在这个信息爆炸的时代，消费者的注意力被大大分散，大脑也会过滤掉一些信息来节省时间。这种时候，设计能够与消费者建立情感连接、引起共鸣的感性内容，往往更容易受到年轻群体的追捧与青睐。

体验时代的来临，消费者对产品和服务有了更高的要求，如何实现场景创新、如何提高人性化服务水平，将成为未来企业抢占市场的关键。

给消费者提供独特体验感的重点是把目光放在消费者身上，关注他们的需求，提高他们的参与度，让他们从被动消费变为主动参与，让他们感受到自己与你提供的服务有着紧密联系。因此，体验感的创新需要建立在吸引消费者、与消费者共创体验以及围绕消费者建立社群的基础上。体验不仅仅是贴在产品或服务上的标签，它是精心策划和组织的结果。

🔍 案 例

"吐露心声的树洞"——招商银行的个性化服务

招商银行在原创真人秀节目《朋友请听好》完结之际推出了一个综艺番外篇《一招就行电台》。该电台节目和《朋友请听好》一样，以正能量、治愈、温暖为内核，当广播、热线、信件这些怀旧复古元素出现在节目中时，年轻人在生活、工作中感受到的孤独和焦虑得到了关注与抚慰。这样的设计牢牢抓住了原综艺节目粉丝的目光，塑造了一个专属于年轻人的树洞形象，提供关爱、温暖，从而扭转了金融品牌在社会大众脑海里的刻板印象。《一招就行电台》的每一期都有治愈人心的金句，也有比如"北漂人群""没有完成的遗憾"等主题。分享年轻人的亲身经历和讲读粉丝来信，让大批听众直呼"招商银行太走心了！"在《一招就行电台》第一期节目中，主播分享了3个年轻人在职场中成长和蜕变的小故事。他们在工作中即使遇到了瓶颈也会锐意向前；他们有时候得不到长辈的理解，但依然会坚持自己的热爱；他们敢于直面危机，也懂得待时而动……正是这些熟悉的情节，触碰到了年轻消费者的共情点，这种被理解的感觉，也唤起了他们心里的温暖与美好。虽然都是一些很小的故事，但这些似曾相识的经历让听众深有同感，而招商银行在每封来信下写的寄语也让听众感受到被用心倾听的温暖。招商银行《一招就行电台》以贴合年轻人的现实内容，赢得了大批年轻人的喜爱，帮助招商银行与年轻人快速架起沟通的桥梁。

招商银行《一招就行电台》能够成功被都市年轻人接受并吸引他们自发参与到话题讨论中来，这与招商银行坚持践行30余年的服务理念——提供有温度的金融服务是分不开的。这份温度，在20世纪90年代是一杯免费的咖啡、牛奶或者纯净水，是下雨天为客户准备的雨伞，如今则是深度了解都市年轻人困扰和需求后，给予心灵慰藉和暖心建议。所以，借此传递给听众的理念是，无论是过去还是现在，或是将来，招商银行始终会把客户体验放在首位。回顾招商银行近年来的品牌营销，无论是开发品牌潮流周边，还是在地铁车厢打广告，或是开线下快闪店，都证明了招商银行正在寻求与年轻人有更多的沟通。如果说之前的年轻化营销是潮流的外在表现，为的是获得更多年轻人的关注，那么《一招就行电台》就是深入人心的内在交流，节目用温柔的声音、细腻的文字，使人们感受到被治愈的温暖，从而对品牌文化及内涵形成深度的价值认同。

招商银行用综艺植入、原创IP（知识产权）设计等方式为当下的消费者打造温情十足的体验，努力与年轻人沟通，让品牌焕发新活力、新魅力。它的这一系列操作让我们更加确定，只要找准发力点，深入挖掘年轻人的需求，自然就能和他们打成一片，塑造更加鲜活的品牌形象。

未来是一个以体验创新为主的时代，尤其是年轻人作为社会的希望，代表了潮水真正涌动的方向，他们的喜好被流量与大数据追逐，又频频转化为新的流量。但是年轻人并不甘心被数据化，他们更追求数据背后的作为人的价值与好的生活体验。

未来，体验创新将是电商经济的延伸，是线上销售形式

　　　　　/ 微服务，心体验 /

的补充与完善，同时也是增加人们幸福感、满足感的途径。人们投入各类体验消费中并愿意为这种体验买单。因此，体验的创新发展势在必行。

三、温暖体验填平老年人的数字鸿沟

2020年，许多朋友被一件事刷屏：年逾六旬的老人，独自冒雨缴纳医保，却被告知拒收现金。老人佝偻着腰，无可奈何的神态让人五味杂陈。此种情况并非个例，同年一九旬老人被抬进银行进行人脸识别，舆论哗然。这样的事件反映出老年人在当前"数字围城"中遭遇的困境。事件发生不久后，国务院办公厅印发《关于切实解决老年人运用智能技术困难的实施方案》（以下简称《实施方案》），《实施方案》提出，截至2021年年底，围绕老年人出行、就医、消费、文娱、办事等高频事项和服务场景，推动老年人享受智能化服务更加普遍，传统服务方式更加完善。截至2022年年底，老年人享受智能化服务水平显著提升、便捷性不断提高，线上线下服务更加高效协同，解决老年人面临的"数字鸿沟"问题的长效机制基本建立。

智能时代，体验创新对于年轻人来说很重要，但有一部分群体更不能忽视，那就是我们将面临的人口老龄化到来之后的大量老年人。人口老龄化来临，各行各业对提供的老年服务体验更需要创新和发展，只有这样老年人才会觉得"老有所依"，才会令科技的发展、数字时代的进步不把老年人挡在社会之外。同时，如果服务能够跟上，无形中也会赢得更多的老年人消费市场。

通常，65岁以上老年人口占人口总数的7%，即意味着这个国家或地区的人口处于老龄化社会。占比达到14%~21%称为"老龄社会"。我国在2005年65岁以上人口占比达到了7.5%。根据联合国人口统计数据推算，中国将在2024年至2026年前后进入老龄社会，速度与日本大体相同。

据相关调查显示，2019年年末我国老年人口约为2.54亿，到2050年预计达到4.8亿。面对日益增多的老年人，我们不但要把他们当成巨大的消费力量，更要考虑老年人的真正需求是什么。只有知道了老年人的真正需求，才能更好地考虑怎样通过提供服务来获取商机。要把提供人性化的、有温度的服务和体验创新放在前面，之后才会有真正的商机出现。

为了让老年人也能跟上智能数字时代并参与其中，国家也在积极出台政策，无论是网上就医挂号还是绿色平安出行，无论是购物生活还是休闲娱乐，都将实现线上线下联合发展，意在让老年人积极参与进来。国家也坚持以人为本，使智能化服务为老年人提供便利，而不是让老年人去适应智能化服务。当老年人在社会智能化进程中遇到的难题越来越多时，政府就要思考怎么样才能让老年人享受、体验和感受到便利的服务。

高铁"以人文本"，关爱老年旅客

2020年新冠肺炎疫情暴发，让老年人的出行变得更加艰难。还记得那年6月我出差去西安，西安高铁站的疫情防控非常严格，所有的旅客都必须出示健康码才能出站。年轻人走南闯北，各类健康码使用轻车熟路，可以非常快速地通过。可是咨询服务台却围了里三层外三层的老年人，着急地询问如何使用健康码："麻烦帮我看看，我这是老年机，怎么扫码？"求助声此起彼伏，现场仅有的两个工作人员完全招架不住。看到这一幕，我心里感慨，疫情防控必须坚持，但是对老年人的服务需要注意灵活和创新。1个月后，《焦点访谈》节目也关注了疫情期间老年人的出行问题，主持人白岩松在节目中呼吁：各个检查站的工作人员，能否对没有智能手机或者不会扫健康码的老年人提供特殊化的服务，让他们也能顺利出行。可喜的是，没过多久，这个建议就被相关部门采纳了。8月，在后续新闻报道中，白岩松提到无锡高铁站专门开辟了一个通道，一个大牌子立在通道处，"无健康码"可以由此进入，具体包括老人机、手机没电、无微信、不会操作健康码等情况。这一举措成功地解决了一些人出站难的问题。在防疫常态化的背景下，全国各地都需要这样的温情和温度，"数字鸿沟"下，小小的改变、灵活的服务，就能让市民感受不一样的温暖。无锡的善、无锡的暖火遍全国。短短几天，宣传此事的央视新闻抖音视频得到了近248万位网民的点赞！

📁 案例

农村商业银行的"上门服务"让人信赖

　　农村商业银行面对老年客户群体，也给予了特别的温暖。一位女士到农村商业银行总部营业厅，帮自己家的老人办理市民卡激活、密码重置的业务。该业务需要客户本人的面部识别以及手写签名，但是当银行工作人员了解到老人已经80多岁，行动不便时，他们决定带着"移动厅堂"上门服务。白发苍苍、行动不便的老人在工作人员的帮助下，坐在自己家的床上完成了证件扫描、信息输入和人脸识别，并在家人的帮助下完成了现场签字确认。老人很感激这种服务，服务的背后是对老人"主动性关怀"的体现，而不是"冷面无情"的机械化操作。客户与银行也不再仅是被服务与服务的关系，这样的操作不但让客户感到温暖，更能够收获客户的信赖从而达成长期业务合作。

未来，老年群体规模会持续扩大，各个领域都要提升对老年人的服务意识。尤其老年金融市场服务增量可观，中高收入老年家庭持续增加，金融服务需求持续增长。

为了明确老年人的需求，广州雅安金融机构就银发一族展开调研，超过1000人参与了调研，结果显示老年金融服务要满足四大原则：掌控感、无障碍、安全感、边界感。基于以上原则，2019年广州首家服务长者银行正式开业。

🔍 **案 例**

建行广州东风东路支行推行"长者银行"

2019年9月6日，广州首家服务长者银行网点建行广州东风东路支行"乐龄港湾"正式开门营业。各种长者便利设施一应俱全，这里还设立了长者服务站，引入了健康驿站自助终端机，由梅花村街社区卫生服务中心为长者客户提供免费医疗预约咨询服务。

这里有爱心专窗，60岁以上老人凭身份证就能免排队办事，还能在网点预约社区门诊的专家挂号，非常方便。未来这里会联合街道和社区开展乐龄沙龙，老年人可以来学插花、写毛笔字，这极大地丰富了他们的生活。在银行网点各项常规性配备的基础上，该支行增设了许多适老化的"特殊配置"，包括"爱心服务通道"、加大号字体显示屏、移动填单台、老花镜、爱心专座、应急药箱、老年人专用卫生间、无障碍通道等设施。在为老年人客户提供金融服务的同时，也在安全保障、业务办理等方面提供便利。

无论是"客户至上"还是"极致服务"，无论是"工匠精神"还是"人文关怀"，最终都落在一个点上，那就是：为他人着想的精神。在某种程度上这应该是一种深刻的人文情怀，是真正的以人为本，是对消费者需求最细致的体察，并将对这种体察的回应做到极致。这种情怀与精神正是目前我国老年用品产业最需要的。对于未来数量更加庞大的健康老人来说，他们需要的是提高其生活品质的用品，是能够参与社会的热情。

为老年人服务的本质，是要考虑如何让老年人适应智能化技术并找到"我还可以"的感觉，以及考虑如何更好地为老年人提供便利，让他们真正感受到温暖，体验到温暖，从而没有因为自己老了而被时代和生活所抛弃的感觉。这是企业、商家都需要积极思考的问题。如果能够在人口老龄化时代做好服务，做好体验创新，不但老年人能够真正得到实惠，产品和服务也会更有人性温暖和闪光的一面。

四、体验铸造企业品牌护城河

（一）好的体验为产品创造溢价

一杯咖啡对应的咖啡豆，在4种经济形态下的价格各不相同。

作为农产品种植出来的一种植物果实，不做任何情感上的附加，咖啡豆的价格也许只有几分钱。

在加工厂完成烘焙，包装为成品，打上品牌，它对应的售价变为1~3元。

在街边小店或便利店里，通过店员的标准化咖啡萃取制作服务，咖啡豆变成一杯热腾腾的现磨咖啡，它的价格上升到5~30元。

在带给消费者良好体验的环境下，比如环境优美的咖啡厅、新型书店、旅游景点、商务环境，它的价格可以达到30～100元。

　　同样的咖啡豆在成本相同的情况下，加入了体验思维，比如特别定制的味道，比如使用有收藏意义的咖啡杯，咖啡就变得更加特别。某天下午，我的课桌上多了一杯星巴克咖啡。我想，中午时间那么短暂，谁为我买了一杯咖啡？这时，学员蓉蓉笑盈盈地问我："老师，您试试看，这杯拿铁有什么不一样？"我喝了一小口，没察觉有什么不一样。看到我疑惑的表情，蓉蓉失望地说："老师，您肯定不是星巴克的粉丝，今天您这杯咖啡可是'黑围裙'的咖啡师[①]做的呢。"原来如此，这杯浓香的咖啡于忠实的客户而言就是一次独特的体验，为了这样的体验，她们会花更多的时间和金钱，这就是体验让产品产生了溢价的案例（图1-1）。

　　体验回报=更高额购买×更多人×更深度认同×更长期关系

- 更高额购买=体验溢价+钱包份额提高
- 更多人=自然裂变式聚焦目标人群
- 更深度认同=满意度提升+体验分享
- 更长期关系=品牌与人共同成长

图1-1　体验回报模型

[①]　在星巴克，围裙的颜色是有讲究的。穿黑围裙的员工一般已经成为咖啡师，完成了内部课程并且具有非常丰富的咖啡知识。——编者注

　　　　　　　　　　　　/ 微服务，心体验 /

2021年11月，星巴克中国内地首家共享空间概念店在上海来福士广场办公楼开业，这家门店不再只是提供咖啡，它融合了粉丝们移动办公和商务社交的需求，成为为粉丝们打造的社群平台。这家门店分为四个区域，半开放的单人办公区、沙发区、休闲区以及三间收费的会议室。会议室里使用了微孔板和隔音棉，降低了噪声且保证了私密性。星巴克开发的第三空间模式（第一空间：家庭住所；第二空间：工作地点），再次塑造了其独特的体验价值：星巴克不仅销售咖啡和其他饮品，更是销售一种生活和休闲方式。这一创新的体验设计再次得到粉丝们的追捧（图1-2、图1-3）。

图1-2　星巴克共享空间概念店　　图1-3　星巴克会议室图

因此，未来商业的发展和竞争将从功能、价格和服务转向体验，这也是未来企业重要的战略发展方向。凡是能够被人记住的良好体验，往往是在赢得口碑的基础上还能提升消费认知，最终形成自己独特的品牌魅力。

（二）好的体验会吸引更多的人

让消费者来逛逛、玩玩，顺便买点东西回家

格林木周围的商圈位于最近非常有人气的东京都内居住地——武藏小杉地区，这里不仅交通便利，还开发了很多高层社区。格林木购物中心的主要顾客就定位为附近刚刚入住高层公寓、最有消费力的"80后"们。因为这里地段很好，寸土寸金，所以，附近并没有可以去游玩的公园和绿地。日本7&i集团旗下的格林木购物中心选址在这里。打造之初，集团总裁铃木敏文老先生就说："把商品放到货架上，贴上标签，就能卖出去的时代早已过去。我们希望新的购物中心能够吸引周边的妈妈们，带孩子来逛逛，带孩子来玩玩，顺便买点东西回家。"

为了让消费者来逛逛，7&i集团对格林木购物中心倾注了很大心血，动用了整个集团的力量进行开发，打造出和传统购物中心完全不一样的新模式。

创新体验1：为了让热爱为家人做饭又需要上班的女性做到做饭上班两不误而推出"切块蔬菜"这个概

念。超市将常用蔬菜清洗切好，全职妈妈们只需按需组合，回家就可以直接下锅或做沙拉，不同的净菜保鲜度不同，超市还按不同的保鲜要求随时更换，保证新鲜蔬菜的供应。不同的菜品价格不同，为了计算方便，超市做了成本估算后，统一价格后售卖，免去了妈妈们计算的烦恼。这样的便民服务推出后，超市成了全职妈妈们下班必来之地，迅速拉动了购物中心的人气。

创新体验2：视频购物。规模缩小了的西武百货位于二楼及以上的楼层，虽然规划面积较小，但通过精简业态，品牌容量显得特别大。此外，该百货店的品牌馆能与其他区域的西武百货店的品牌馆进行视频连线。这里的顾客通过视频，就能看到其他分店陈列的所有该品牌的商品，顾客对该品牌商品的选择范围大大扩大，并且节省时间和路程，这令顾客们非常满意。

创新体验3：在购物中心顶层打造了4300平方米的被称为"日本最大屋顶花园"的休闲场所，这是整个购物中心的聚客利器。这里有滑梯、戏水池、攀岩所，吸引了有孩子的家庭、老年人和其他来购物中心的顾客。顶层种植的很多花草树木，是附近幼儿园的孩子们带着自己的花种种植在这里的，这也是给现在很少能见到果树的小孩子提供的一个学习场所。

格林木购物中心体量虽然只有37000平方米，却在开业后前13天客流就突破百万，每日客流量近8万人。在中国，零售业备受电商冲击，越来越多的零售商开始扎堆拥抱互联网，仿佛只有互联网才能拯救零售业。而日本的零售同行却选择了深耕实体店，通过创新来谋求出路。此种创新让我们感受到只有给客户带来极好的服务体验，才能筑造企业的护城河。

　　当企业希望自己能够在竞争中脱颖而出，赢得利润的时候，往往要先把精力放在客户体验上，利润往往来自忠诚客户的反复购买。就像《海盗思维：打造令人惊奇的客户体验》一书中讲的那样：当一家公司以尊重顾客的方式脱颖而出时，市场也会给予嘉奖。这正是客户体验带给企业的回报。

　　就像人与人之间需要友情，需要有同理心，企业和客户之间也要形成一种类似于朋友的关系，企业能够用同理心、共情力去关心客户，才能把客户变成回头客。体验经济的核心，是给客户传递一种愉快的记忆符号。在体验经济中，企业的角色从生产者、服务者，变成一个体验策划者。企业不仅提供商品和服务，还要提供体验，最终给客户留下难忘的愉悦记忆。

/ 微服务，心体验 /

（三）好的体验传播带来更深度认同

案例

亚朵酒店——让我发两次朋友圈的极好体验

作为职业培训师的我，一年有100多个晚上住在不同城市的不同酒店，从经济连锁酒店到五星级酒店，从简易的大床房到豪华的大套房，不一而足。我对酒店已经几乎没有感觉了，只是匆匆的过客而已。直到在合肥入住了一家让我感到惊艳的亚朵酒店，我才真正感受到酒店的细节服务带来的温暖。

记得那晚入住酒店时已经是深夜，推开房门一刹那，我情不自禁地哇了一声，心里一阵暗喜，今晚一定好梦。暖黄色灯光、原木色家具、精致整洁的盥洗台、原浆色的床品，甚至卫生纸都是裸棉色。打开衣橱，居然发现家里才会有的小米体重秤。我赶紧站上去，重量和家里称的一模一样，这可是我第一次发现酒店里有小米体重秤，家的感觉一下扑面而来（后来看了公众号，据说选择小米也是在调研客户意见后购买的，真正是体现了客户思维）。为了这个特别的小米体重秤，我连夜发了一条朋友圈。

下课后，我回到酒店，大堂的书吧里有满满的一大架子书，我足足驻留了1个小时才离开。我边走边想，要是我有空余时间，一定好好享受这悠闲的午后时光。上楼后，推开房门，忽然发现有些不对劲，我的行李箱呢？昨晚不是放在地上吗？抬头一看，原来行李箱已经放在了转角沙发上，一定是服务员怕我被行李箱绊倒，帮我把行李箱搬到了不碍事的沙发上。这一小小的举动感动了我，酒店保洁能为客户摆好鞋，叠好睡衣，已经是星级服务了，而这位不知名的服务员的细节服务，值得我再次为亚朵点赞和宣传。亚朵用服务征服了我，我也成了他家的粉丝，心甘情愿为其宣传，这就是极致服务创造的口碑客户。

另外，亚朵酒店有"百分百奉茶"、便笺诗文、"离店暖心水"①等服务，有一次朋友订了亚朵知乎酒店，去的时候没有看天气预报忘了带伞，去酒店的路上遇到大雨被淋成了"落汤鸡"，进到酒店办理入住的时候，服务员没有先要她的身份证，而是先端了一杯热茶递了一条干净的毛巾给她，让她着实感动了好久，并称

---

① "离店暖心水"服务是指客户离店的时候，送上一瓶水，水温恰好40℃。——编者注

/ 微服务，心体验 /

那是她喝到的最温暖、最好喝的茶。

这些满含人文底蕴的服务均始创于亚朵，且为越来越多的中高端酒店品牌所借鉴。目前亚朵又推出两项创新服务，其中"一见倾新"是向首次入住的会员赠送欢迎礼及神秘愿望，"知足常乐"则是在离店时赠送亚朵特有的棉麻拖鞋。正是这些延展的创造性服务内容，不断为其服务品牌化夯实地基，这些极好的体验带来更深度的客户认同。

从心理学角度看，体验就是当一个人情绪、体力、智力甚至是精神达到某一特定水平时，他意识中所产生的美好感觉。体验提供者的工作结束后，体验的价值依然延续。当企业有意识地以服务为舞台，以商品为道具，使消费者融入其中时，体验经济和价值便产生了。没有信任做基础，很难有后续的交易和对产品和服务的忠诚。

作为企业或服务组织要意识到，给客户创造良好的体验就是为了让客户产生信任，信任可以产生口碑效应，如果能够赢得客户的信任，那么这些忠诚的客户不但自己更加信任企业，并且会一传十、十传百，企业品牌也会为更多的人所知晓和认可。相反，一旦客户不信任企业品牌或者产品，那么一系列的恶性循环恐怕就要开始了，企业为此要付出更大的代价予以弥补，否则只能是惨淡经营，最终仍不免被淘汰出局。

重视客户体验会给企业带来好的回报，而且这种回报远比投入的服务成本要低得多。

这是一个客户为美好服务体验买单的时代，在服务的场景中加上一些小小的用心，企业就能够得到客户的认同，让客户乐于分享，成为品牌的传播大使，这样的感染力和传播力不仅能吸引更多的客户群体，也能推动企业不断地超越对手，筑造属于自己品牌的护城河。

第二节
无体验无黏性
＊＊＊

一、体验价值的测评指标：客户忠诚度

客户净推荐值（NPS）是什么呢？

贝恩咨询公司（Bain & Company）合伙人弗雷德·赖克哈尔德创建了一种全新且简单的方法，用于衡量消费者对品牌的忠诚度，它也是测量体验效果的重要指标。这一方法名为净推荐值，也就是NPS。

NPS是Net Promoter Score的简称，是一种非常具体的调查工具，由一个单一的问题组成，询问客户他们有多大可能会推

荐一个品牌、产品或服务。净推荐值NPS=（推荐者数/总样本数）×100%–（贬损者数/总样本数）×100%。根据回答，客户被分成3组，如图1-4所示。

贬损者（0~6分）是那些对产品或服务不满意的人。他们更有可能分享负面评论，而且由于社交媒体的存在，这会影响他人对产品的看法。

被动者（7~8分）对产品或服务持中立态度——他们并不讨厌该产品或服务，但也不急于向其他人推荐。他们可能会流失并转向竞品。

推荐者（9~10分）对产品或服务感到满意，并且对品牌很忠诚。他们愿意把产品或服务推荐给他们的朋友。

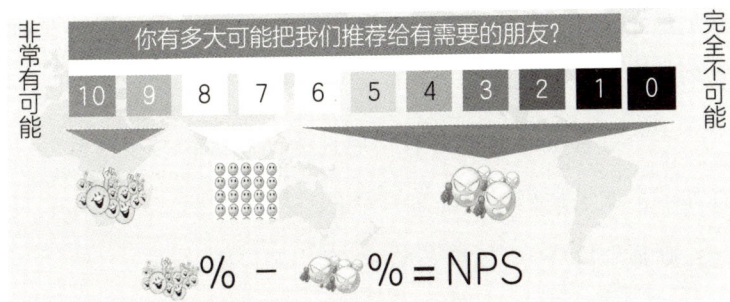

图1-4　客户净推荐值

当我们想知道客户对产品有什么意见或对产品是否满意时，常常会通过客户调研的形式去了解客户的真实感受。而在客户调研中，一个非常常见的问题是："您是否愿意将'某产品或某品牌'推荐给有需要的朋友呢？"这个问题其实调研的就是净推荐值，意在了解客户对该品牌或产品主动推荐的意愿，是一个常见的客户忠诚度指标。

生活的经验告诉我们，人们对亲朋好友间的口口相传和亲身体验比较信任，无论是企业还是产品，想要打造可信度无非就是赢得"口碑"，也就是消费者对某一个品牌和产品产生的忠诚度。

在没有互联网的时代，人们都会感叹"好事不出门，坏事传千里"，那只限于人们街头巷尾的口口相传，坏消息都会不胫而走。互联网时代，商家对此都有真实的体会，尤其是电商时代，一百条好评抵不过一条差评。这就是口碑的力量，如果是正面口碑，口口相传，品牌就有了生命力，反之，下场则会很惨。

一个好评会让客户心甘情愿地为品牌多付多少钱呢？调查显示，如果是积极、正面的评论，人们会愿意多付10%；反之，则是少付11%。这就是NPS的魔力和价值。

为什么这么说呢？因为商家所有的主动宣传，只能触及第一级受众，商家做得再好，触及的人再多，对他们影响再大，产生的影响力也是有限的，而且成本巨大。过去口碑传播效率低，企业常使用的传统营销手段和品牌建设工具，我们称之为"一次营销"工具。商家对客户是否会帮忙做宣传（二次

/ 微服务，心体验 /

营销），以及客户能传播给多少人，几乎没有控制力，更不要说客户宣传完之后，他的朋友是否还会继续被打动，再次宣传（三次营销）。

能让客户感到喜悦的企业和产品，相当于拥有了一个免费销售团队。商家看不见客户，但他们却无时无刻不在替商家宣传。客户会去投票，去交流，如果商家令他们喜悦，他们就如同推销员一样。如果客户觉得"我从未有过比这更好的体验"，那么自然而然就会再次购买产品，甚至自发宣传给别人，带动别人也来购买产品。这就是口碑的魔力和价值。

无论净推荐值是高是低，对于企业来说都有价值。当客户给了0分，可能一定程度上体现了产品质量不好、价格太贵、售后服务不好等。不管是哪种反馈，企业都可以利用这些信息去改进，从而提升这些贬损者的满意度。

很多企业刚做出产品就迫不及待地去做广告、做营销，但如果此时你的NPS是负数呢？这只会导致推广力度越大，市场口碑越差。正确的做法是，在产品投入市场前，先在已有客户中做个NPS测试，当分数为正的时候，再投入更多的市场推广成本。这样做的好处是证明产品已经得到市场验证，并且在客户中获得了不错的口碑，此时推广事半功倍。流行的NPS做法是，在客户打分之后，追问一个问题："您给出这样分数的原因是什么？"或者"我们怎么改进才能让你更喜欢？"

只有在NPS给出参考值的范围内，改进让客户不满意的地方，提升和保持让客户满意的地方，才能使企业越来越好。NPS越高代表着客户推荐的意愿越强，其产品的竞争力也就相对越好，经销商的前景也会越好。

最后，也是最根本的问题在于如何提高NPS值让客户满意，这主要体现在兑现承诺的及时性和提供超出预期的服务上。简单来讲就是让客户的钱花得值，最简单的方法就是承诺得少而兑现得多，其提升的作用点分散在整个销售过程中。提升NPS需要两方面的能力：一方面是增加推荐的客户数，另一方面是及时公关不会推荐的客户，并且控制舆论影响，避免客户向不好的方向转变。具体做法包括提升客户的使用体验、满足客户的社会需求、积极地处理问题、及时进行形象公关。

这两个方面能力的提升虽然重要，但是如果企业的采集方式不科学，导致信息的失真，甚至有些问题不能及时体现，有可能出现自欺欺人的现象。NPS虽然很有参考价值，但毕竟是客户意愿度，而要想意愿成真还要在动力和能力这两个维度上下功夫才行。

二、极好的体验要有特色、可推广

有人做过一个现场调查，问大家是电视广告传播速度快还是微信传播速度快，大家异口同声选择了后者。的确，如果往前推十年，电视广告是企业的主要传播途径，这是因为那时候人们大部分空闲时间都在电视机前度过。而现在是移动互联网时代，人手一机，微信朋友圈的传播显示出了非常大的威力。微信传播劝说语气弱，而电视广告经常会像王婆卖瓜一样自卖自夸，所以，以受众为导向的微信传播更容易传播开来。这个现象我们大家有目共睹，无论是一篇好文章还是某一个视频或现象，其呈几何级数的传播速度带来两种结果，好的东西尽人皆知，坏的事情同样会快速传遍大江南北。

正是因为有了如此便捷的传播方式，企业更要注意体验带来的传播效应。好的体验会带来好的口碑裂变，坏的体验会带来坏的影响，企业必须要重视。因为无论是生产产品还是做生意，其中很重要的工作就是通过营销把产品推出去，让更多人知道。但是现在的传播环境和过去不太一样了。过去主要是线上、线下多种媒体做投放。但是现在是人人实时互联的时代，人的力量在传播的过程中变得越来越重要。想要做好营销传播，就必须借助人的力量，这样可以用最低的成本，得到最好的效果。口头传播和传统的营销广告传播相比，有两个非常明显的好处。

第一个好处是更自然。这一优势很明显，我们日常生活中向别人推荐东西，比电视等媒体推送的广告要自然、接地气很多。

第二个是更有目的性、更精准。我们平常生活中要向别人推荐东西，肯定是了解他人有某方面的需求，或者自认为他人有某方面的需求的时候才会向其推荐。

客户体验可以分为不良、一般、良好、极好和绝佳，当然这些不同级别的体验带来的影响也不同，能够提供拥有绝佳服务体验的商家或（企业）不超过3%。

这其实也可以理解，因为能提供极致、卓越服务的企业本来就是凤毛麟角。

不同的客户体验，带来的客户流失率和转介绍率差别很大。只有提供极好和绝佳的体验，才可能继续留存现有客户、打造回头客以及增加转介绍客户。

数据显示，80%的企业认为自己提供了极好的客户体验，可事实上真正让客户感受到"极佳体验"的却仅有8%。一面是"体验经济"盛行，一面是可复制的"成功经验"甚少，客户体验这个分路口上，企业在"做"和"不做"之间难以抉择。

客户体验包括产品质量、服务质量、售后水平等，只要客户与你的企业和品牌产生了交集，那么所有产生的互动，都可以称之为体验。只要和企业或品牌产生互动就是体验，只要产生交集就意味着体验开始。所以，体验不是发生在某时某刻，而是贯穿于产生交集的全过程中。客户在这个过程中感受到的东西会影响客户最后形成对企业或品牌的看法，而看法影响行动。那么，什么样的体验会被客户记住并宣传呢（图1-5）？

不良体验即员工态度消极，服务冷淡、随意而散漫，致使服务既没有人情味，又令人很不愉快。这是最低级别的服务体验，处在这一级的服务，企业员工不在乎客户的体验感受，管理者也没有意识到他们正在损失客源以及面临企业倒闭的风险。

一般体验即企业员工敷衍了事，满足于现状，提供的服务也很平庸乏味，令人毫无兴致。提供一般体验服务的员工完全不了解客户的需求，认为做到一般般就够了。其实一般体验对于有些客户来说还可以忍受，但对于那些寻求卓越体验的客户来说，这是让人无法接受的。

良好体验即企业员工表现得十分友好且讨人喜欢，大多数客户感受到自己受到了重视和欢迎，因此也会拥有积极的体验感受。良好体验是企业打造卓越服务的基础，要想企业做得成功，良好体验是必不可少的。

极好体验即企业员工会竭尽全力地为每位客户创造专属服务和相应的服务体验，客户会感到非常满意。提供极好体验的企业拥有很好的氛围，员工在做一切事情的时候都力求卓越，他们拥有热忱的态度和高度的责任感和参与感，希望在众多竞争者中脱颖而出。

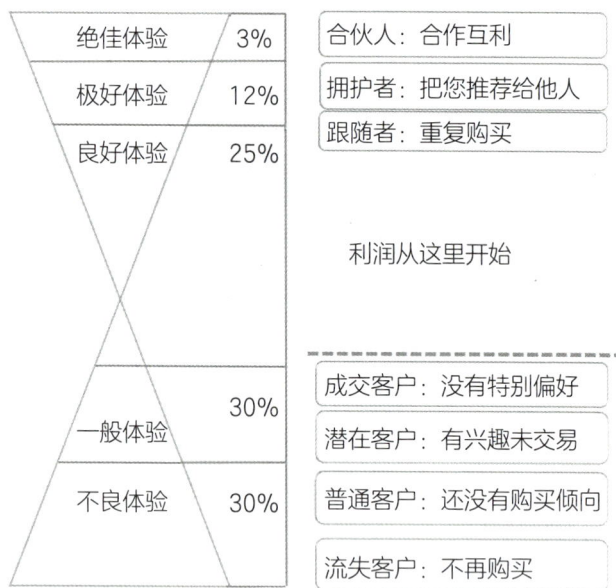

绝佳体验	3%	合伙人：合作互利
极好体验	12%	拥护者：把您推荐给他人
良好体验	25%	跟随者：重复购买
		利润从这里开始
一般体验	30%	成交客户：没有特别偏好
		潜在客户：有兴趣未交易
不良体验	30%	普通客户：还没有购买倾向
		流失客户：不再购买

图1-5　不同体验示意图

　　　/ 微服务，心体验 /

案例

"阳光晒被节"——物业提供低成本高感知的便民服务

2007年，在国内某知名物业公司管理的重庆楼盘，因为当地冬天多雾潮湿，到了春天，很多老年业主会把被子晾晒在树上，很不美观。为了解决这个问题，物业管家主动提出为业主统一晒被子。他们对各家被子进行登记，在楼顶支好晾晒绳子，随后将被子挨个晒上，并适时翻面，被子晒好后又逐一收回、打包，放上樟脑球送还给业主。这样的服务得到业主们的热烈响应，纷纷夸赞自己家的物业就是考虑周到。该服务后来逐步推广到该公司川渝地区的其他楼盘，俨然成为该物业优质服务的代名词。十多年过去了，低成本高感知的晒被服务坚持了下来，深受业主好评。这家物业还将这个特色服务命名为"阳光晒被节"。从简单的便民服务到成为企业的服务品牌，服务真正成为企业的品牌核心力。

新消费时代，如果企业提供的产品或服务让客户"无感"，这将是一件很可怕的事情。没有感觉就没有记忆，没有记忆就不会产生主动传播。如果一个企业的品牌只能依靠自己去推广，那么成本会特别高。

案例

如家早餐，一碗面里藏着的温暖服务

对于经常出差的人来说，能够吃得好、住得好是最起码的要求，尤其对于像我这样频繁出差的人，常常将早饭时间压缩到差旅行程中。其实早餐时好好犒劳自己的胃，能让长久在路上奔波人的状态更好。因此，在"吃好"方面，如家以早餐为基础，结合中国各地独具特色的面食文化，先后甄选117种特色面食，推出极具特色的"如家这碗面"主题餐饮服务。目前"如家这碗面"已经在集团旗下近300个地区的2000多家酒店同步推出，第一时间为每一个梦醒在异乡清晨、饥肠辘辘的宾客，呈上一碗特色面。

我们常说"离家饺子，回家面"，一碗地道的面条往往最能抚慰那离家的相思。宾客们不再需要寻味街边巷里，在首旅如家旗下的酒店里便可享用一碗热气腾腾的家乡面。如果入住期间恰逢生日，酒店还会单独为消费者准备一份当地特色的"长寿面"。"如果你想家，那就见'面'吧"，这道美食背后的意义，源自首旅如

> 家对商旅人士情感诉求的深刻洞察。"精选商旅之道"不仅是对品质和体验感的提升，更是在情感上与宾客寻求共鸣。

所以，极好的体验就是围绕消费者心智去做服务，可以心意满满，也可以情意深深。"只有温暖自己才能走向世界"，这是未来服务的共识。正如如家集团首席执行官孙坚曾在接受采访时表示："那些原来我们认为是可以改变世界的东西，其实还需要更好地落地。我们需要让创意、规模和效益转换为能够提供更能感知的产品，形成一个比较常态的可持续发展的商业社会，这也赋予了运营以全新的商业价值。"而这正是中国服务的意义——回归本质，打造国际水准，彰显本土特色，实现物超所值，只有这样的服务才能有温度、有特色，并且可复制。

如果一家企业或一个品牌能够带给客户极好的体验，那么就会吸引更多的客户。

西南航空公司曾经做过一个调查，即测算对西南航空公司极度满意的人和对西南航空公司一般满意的人所做的贡献：如果客户感到一般满意，那么下次订票哪家航空公司时间合适就订哪家航空公司的机票；但是如果是极度满意，那么就非这家航空公司飞机不坐。根据测算，对产品和服务感到极度满意的人，比那些觉得不错、可以、挺好的人要多9倍的贡献度。

这两年有一个很流行的词叫"消费升级"。在过去几十年间，我们的消费市场一直在追求更低的成本和更高的效率，想让产品卖出更高的价格。现在，所有人都意识到了某种变化正在发生，认为我们需要"升级"。但"升级"的方向在哪里？目标在哪里？我想那就是服务升级，当企业能够在服务过程中首先想到给客户一个极好的体验，那么又何愁得不到更好的发展呢？

三、绝佳的体验有故事、可传播

比极好更极致的体验，是带给人们内心感动的体验。这样的经历并不一定能复制，它可能是源自一次意外，也可能是源自一个困境，还有可能是源自从没遇到过的难题，但每个员工都会全心全意地为客户解决问题，愿意为客户创造一种独特的体验，这种卓越的服务能力让他们远远地超越其竞争对手。这是最高级别的服务体验，对于客户来说难忘而独特，多年都不会忘记，因此客户会发自内心地去分享，这样的故事也会被大家津津乐道。

/微服务，心体验/

酒店打造"爱尔兰毛绒兔寻亲"的故事

2016年1月13日英国《每日邮报》报道，一个邦尼兔（Jellycat）毛绒兔玩偶被主人落在爱尔兰一家五星级酒店后，在酒店工作人员的帮助下，因在脸书（Facebook，现更名为元宇宙）上开启了一段神奇的"寻亲"之旅而走红网络。服务生发现兔玩偶被遗失在了酒店内，为了帮它找到主人，酒店工作人员开始在脸书主页上发照片为它"寻亲"。虽然独自待在酒店里，但邦尼兔毛绒兔玩偶被酒店工作人员照顾得很好。它不仅"参观"了酒店、"做"了水疗（SPA），还"躺"在泳池边晒了太阳，享受了一段美妙的下午茶时光。这些照片被大量转发，众多网友点赞。目前，邦尼兔已经重新联系上了它的主人——一位名叫凯特的3岁小女孩。

这就是绝佳的体验。一个丢失的兔玩偶被随身带到婚礼现场，它应该是某个小朋友的心爱之物，可以想象丢失了兔玩偶的孩子多么伤心和难过，所以酒店工作人员设计了兔玩偶的生活场景，赋予它鲜活的生命，让这样的童话故事在现实中演绎，这样的设计唤醒了大家的童心，成为绝佳的故事广为传播。

这样的服务设计发生在遥远的国度，感觉充满了戏剧色彩。而下面发生在我们身边的真实案例，也是绝佳的体验。

让朋友写感谢信并主动宣传的酒店"暖心"服务

2015年的一天，我不经意间刷到我的朋友小青的朋友圈，她洋洋洒洒地写了好长一段文字，讲述她入住酒店的经历。文中写到，她入住这6天，无法做到一声不吭地走人，有太多太多想要感谢的人。她不知道名字，也不记得面孔，不是几位，而是几乎她接触到的所有人。发生了什么故事，促使她一定要写下这段经历，为这家酒店宣传呢？

小青和丈夫带着双胞胎儿子一起去丽江某四星级酒店参加公司的年会，入住的第一天，一家人在酒店的自助餐餐厅就餐，调皮的双胞胎在餐厅玩得特别开心。工作人员走过来，轻声地说道："女士，小朋友一直接果汁喝，没吃什么东西，需要我们专门做点吃的吗？"尴尬之余，小青又有些受宠若惊，第一次在酒店自助餐餐厅享受到如此个性化的服务。

入住第三天，孩子因为爬玉龙雪山，回来后有些发

044　　　　　　　　　　　　　　　／微服务，心体验／

烧。孩子头上贴着退烧贴，一位女工作人员主动询问："小朋友在发烧吗？需要我们单独做点什么吗？"小青想为孩子们要点白粥，半小时后，一碗热腾腾的白粥就送到了房间。

第四天，孩子依然不见好转，小青准备带孩子到医院看看。在前台咨询的时候，大堂经理马上过来，为小青联系车，安排一个女员工陪同。陪同的员工帮小青拎包，拿着枕头，说是孩子在医院要坐要躺都方便。

中午的时候，孩子爸爸拎着一个纸袋来看孩子，他说是酒店李经理为他准备的。打开纸袋，里面是一碗粥、一盒咸菜、一些白糖和3根香蕉。酒店工作这么繁杂，李经理又叮嘱厨房单独备粥，这份亲人般的关怀把小青感动得热泪盈眶。回到酒店，打开房门，茶几上放着一版贴画和两个苹果，旁边的便签条写着：尊敬的客人，欢迎您入住××酒店，我们特意给小朋友送来两个平安果，祝小朋友早日康复，如果有任何需要，请致电×××××××，落款：爱你的××人。

看到这里，我想你能体会到一个离家千里之外的妈妈带着生病的孩子的焦虑，也能体会当得到如同家人一般的照顾后，那份无以言表的感恩之心。所以，她写道："无法做到一声不吭地走人，一定要感谢所有给过我帮助的酒店员工。"

看到这段故事，我也很激动，这就是我想宣传的绝佳服务案例，我要把它分享给大家。温暖的情感关怀超越标准的服务，直击内心，引发共鸣。为什么每位员工都能做到用心服务呢？酒店经理通过小青告诉我：这就是我们的服务文化。没有给客户带来美好回忆和值得传播故事的服务就是零服务。

有故事可传播，有美好可回忆，看到这里，我们可以反思一下自己提供的服务：当客户谈起我们时，他们会如何评价我们？我们和客户之间发生过什么美好的故事？如果这样的故事你想了好久都没想起来，那么客户对于我们来说就只是客户而已，他们没有意愿为我们宣传，更谈不上有其他忠诚的表现。

相关研究表明，拥有 "绝佳体验"的客户才愿意在其社交圈分享自己的美好体验，而且拥有"绝佳体验"的客户中愿意分享他们的故事的"粉丝"人数几乎是"极好体验"的两倍！另一方面，那些拥有"不良体验"的客户中，有超过70%的人会尽可能地在其社交圈吐槽自己的消极体验！

虽然绝佳体验对于企业来说是最有价值的竞争力，但根据对无数企业的调查来看，只有不到一半的企业能够提供平均水平的服务体验，许多企业甚至提供的是"不良体验"。能够提供"绝佳体验"的企业只有百分之几，迪士尼是其中的佼佼者。全球各地的人们只要去过迪士尼乐园就会收获满满的快乐，并且期待下一次的惊喜。

绝佳体验的设计背后是用心的人，愿意关怀他人的人，提供绝佳体验是有情怀的企业竭力去做的事情。所以在我们的生活当中，如果真的出现了很多愿意打造绝佳体验的企业，那么社会一定会变得更有趣、更美好，消费者也更愿意相信和认可这样的企业。

我们也要有这样的认知：

创造绝佳体验是一种责任。客户购买了我们的产品和服务，是对我们莫大的信任，理所应当获得绝佳的体验，而我们也理所应当提供绝佳的体验。平时说这些话比较容易，关键是在遭遇困难的时候，仍然要保持这样的态度和行动。

创造绝佳体验是一种追求。只有自己有强烈的渴望，才能够真正做好。

创造绝佳体验是一份诚意。体验一方面是由自己设计的，另一方面也是由客户感受到的。只有满足甚至超预期地满足了客户的期待，才能够使客户得到好的体验。

让客户感动的极佳体验，是最好的营销手段，会让客户自然而然地主动为企业宣传。要实现这个目的，就要以提升客户体验为目标，设计的每一步都要落足于体验。

那些成功的企业之所以会提供与众不同的服务，并且呈现的特点是既优秀又独特，比如迪士尼，是因为它们能够将自己与竞争者区别开来。这就意味着，真正的差别只存在于"体验"和"员工"两方面。它们所展现的服务态度、服务程度以及个性化服务可能会创造绝佳的体验，也可能会带来不良的体验，这是终极区别因素。

每位客户都希望被重视，并且希望遇到友善的工作人员和体会到舒适的服务场景，这样他能从中感受到被欢迎。如果一家服务企业，没有把这些列为重中之重，那就等于忽略了一个关键的价值因素，忽略了服务行业的基本要素和原则。将客户从消费者发展成"推广大使"，靠的是企业在理智、情感以及个体方面创造联系的能力。"推广大使"认为企业的员工、产品和服务都非常有价值，才会愿意成为企业的"行走的广告"。对企业来说，"推广大使"就像一座"金矿"——他们不会给企业带来任何成本，反而给企业带来巨额收益。如果没有他们，企业的损失是十分巨大的。

四、糟糕的体验引发品牌的信任危机

客户体验领域权威专家李·科克雷尔曾说过，"群情激愤"事件的曝光，比无关痛痒的褒奖更容易引起人们关注。有一句老话叫："一次成功赢得一位客户，一次疏忽失去所有客户。"还有一句俗语说："好事不出门，坏事传千里。"这些格言警句，放在如今的商业环境中仍然适用。

/ 微服务，心体验 /

如果客户在消费过程中体验很不好，甚至心生不满的话，往往不会直接找企业的主管或负责人提意见，而是选择向身边的人（亲人、朋友）吐槽，这种影响往往非常严重。因此，尽量保证客户在交易过程中获得愉悦体验，否则因一次疏忽惹怒客户，损失的绝不仅仅是一位客户。正所谓一流的客户服务让企业名声远播，而一个坏口碑能击垮一家企业。

现在的经济既是体验经济又是分享经济，二者关系往往十分密切，好的体验会被分享，糟糕的体验也会被传播。

在分享经济热潮下，微信朋友圈作为现代都市人的主要社交场景已经成为重要的营销战场。如今，发个朋友圈已经成为我们生活中的一部分，吃饭"晒一晒"，出去玩儿"晒一晒"，甚至遛个娃、遛个狗也要"晒一晒"。

可以说，一张得到朋友圈广泛关注的、有内容的品牌照片，其影响力可能堪比乃至超过一个品牌市场部悉心打造的宣传活动。很多品牌也将目光从传统的传播渠道转移到了客户的朋友圈中。占领客户朋友圈，就是拿下品牌推广的制高点。同样，一旦遭遇一个不良体验，朋友圈也绝对是疯狂传播让公司形象扫地的场所。

消极怠慢的一次体验毁掉多年的信任

一次偶然的机会，文铃替爷爷到小城里某信用社办理小额取款业务。那天大厅里人特别多，整个厅堂都是客户等候的抱怨声。大堂经理站在接待桌前发呆，没有厅堂工作人员进行客户安抚、维护和分流，文铃从进门开始就被厅堂不佳的氛围感染到了。网点内开设两个现金窗口，然而一个放着暂停服务的牌子，另一个柜台正常办理业务。排队很久终于下一个就是自己了，文铃拿着相关证件正准备上前办业务，里边的柜员在没有打任何招呼的情况下，放上了暂停服务的牌子。文铃以为柜员可能要上厕所，毕竟柜员从文铃进门就没有停下工作。正准备回到座位上再等一会儿时，她突然发现，这名临柜人员拿出了一个苹果啃了起来，啃得理所当然，旁若无人。文铃耐着性子等她吃完苹果，办完业务，记好了她的工号，直接电话投诉到了服务热线。后来这一层机构管理人员多次电话联系致歉，但最终这种恶劣的服务体验让文玲撤销了在该行所有的账户，决定以后再也不来这家信用社。

随着线上线下的共同发展，线下体验一旦不好，线上传播起来给企业带来的损失更加无法估量。一个普通人的微信里至少有100个好友，最多的人可能有几千个好友，如果其中有一个人有这种不良体验，并发了一条朋友圈，有一半人可以看到，那么就会有超过50人知道这件事情，这50个人如果再转发了这条朋友圈，那么将会有更多的人看到。除此以外，客户还有可能在简书、微博等平台上提到这件事，那么看到此条信息的人可能又不只这几十个，以这样的传播速度和范围，有可能在短短几天之内让一家企业名誉扫地。

📁 案例

因一把吉他蒸发的12.5亿元

加拿大歌手戴夫乘坐美国联合航空公司（后简称美联航）时托运的3500美元的吉他被摔坏，之后他就找到美联航投诉。美联航是一家规模很大的企业，对这种"小投诉"不以为然。戴夫9个月索赔未果，当然没有办法接受，回家之后，结合自己愤怒的情绪写了一首歌，叫作《美联航毁了我的吉他》，并拍成了音乐视频（MTV）。一天之内，该视频点击量达到300万，获得14000条评论。视频发布4天后，美联航股价下跌10%，直接损失1.8亿美元，折合人民币约12.5亿元。2009年，《时代》杂志把这首歌列为十大金曲。本来一件小事，却因为航空公司的傲慢而导致了这么大的损失。这时候美联航才明白，敷衍，是对自己真正的不负责任，也才明白贬损者的体验裂变传播是多么的疯狂和不可控。

就像前面我们讲的"好事不出门，坏事传千里"，意在告诫人们，"好事"属于正常情况，大家习以为常，不会刻意传播；倘若发生"坏事"，顷刻传遍千里，招来千夫所指。

这一案例体现了传播的力量和不良体验给企业带来的伤害。不良的体验在伤害客户的同时也会伤害企业自己。长此以往，本来积攒下来的信赖度就这样被消耗掉了。一个人、一家店、一家大的企业或整个社会，都要注意用诚信去积攒信赖度。简单来说，积攒不易，但消耗却可以很快。正如古话说："起家如同针挑土，败家如同浪淘沙。"人性化的体验在企业竞争中能显示出强有力的竞争力。在互联网时代更是如此。

这种传播会带来很多负面的影响，但还有一种"隐性影响"，即客户遭受了不良的体验而没有去传播，但却埋下了失去这个客户的隐患。

有段话是这样说的：我是个好顾客，我不挑剔你们服务的好坏。如果一家餐馆的服务员聊天而不理睬我，我不会打断他们，只会静静地在座位上等待；如果一家商店的销售员嫌我挑东西时间太长对我不耐烦，我绝不会跟其理论，会默默地忍着；如果一家银行销售员对我的服务态度冰冷且缺乏人情味，我不会说出我的不悦，我会有我的打算；当一家酒店让我住得不舒服我也不会投诉，不会给你们改正的机会，因为我是一个好顾客。在此，我还要告诉你我的另一面：我也是一个绝对不会再上门的顾客。

所以，切忌让那些企业眼中的"好顾客"变成陌生人，要么他们会把自己不良的体验传播得沸沸扬扬，要么他们就停下再来光顾的脚步，最终企业需要花费更大的代价不断地去开拓新市场，挽回丢失的声誉。

第三节
无设计无体验
＊＊＊

一、1.0体验：省时、省力、省心

从某种意义上说，当今的客户已经变得越来越没有耐性、越来越"懒惰"了。人们不愿意为了取钱而到银行柜台前排长队，为了工作餐而长久等候，或者为了购买日用品而走很远的路，拎很重的包。追求简单、便捷、省事的客户越来越无

法接受烦琐、复杂的流程和长时间的等待。正因如此，自动柜员机、网络银行走进了人们的生活，送货上门的外卖逐渐成了上班族的偏好，家门口的便利店自然也大受欢迎。在这个"惜时如金"的年代，客户对便利性的要求大幅提高。所以，好服务的基础就是让客户省时、省力、省心。这也是1.0体验的阶段特征，只有便捷简单的体验才是客户需要的体验。

好的服务体验有三个层次：第一层，觉得这钱花得非常值，让自己省心；第二层，在体验中感受到了惊喜，有一种想把内心喜悦分享出去的冲动，并且有所行动；第三层，把这种服务列入自己的白名单，以后有需要就一定来这里，甚至将体验这种服务作为奖励自己的手段。这三个层次也对应1.0体验、2.0体验、3.0体验三个阶段。

在1.0体验阶段，客户的体验停留在让自己省心的原则上，比如快捷的服务、不用费脑的思考、便宜的价格等。在1.0体验阶段公司只需要踏踏实实把基本服务放在第一位。让客户感受完美的基本服务就是最重要的事，公司要做的就是帮客户减少麻烦、扫清障碍、提供方便。初级体验中"便利"是非常重要的。为此，还有不少营销服务类专家发明了一个客户不满意度的定量评估指标——客户费力度。从实践应用中表明，这个指标在预测客户忠诚度方面要优于客户满意度这一传统指标。探究客户不满意的根源所在，有助于我们找到客户流失的真正原因。想要提高客户忠诚度，最基础的是要让客户觉得解决问题很容易。

案 例

日本机场行李速递，让人体验不一样的省心与快捷

说起行李速递，我相信经常出差的小伙伴肯定深有体会，如果遇到服务态度不好的航空公司，多多少少都会经历一些不开心。比如，不负责任的机场会将旅客的行李乱丢乱放，还有工作人员损坏旅客行李箱，甚至还有出现盗窃行李箱的行为，等等。而日本机场对行李箱的重视程度，真的可以称得上是让旅客省心、省力、省钱又省时。

行李箱到达日本机场大厅，机场的工作人员会认真地把每一件行李规整到最方便旅客拿取的状态。如果遇到下雨天行李箱被淋湿，工作人员会一边确认行李箱一边擦拭每一个行李箱。飞机抵达机场后，当传输带上的行李箱移动到眼前时，地勤服务人员会立马用双手紧紧托住它，再将其轻轻放入行李车，一件行李的摆放都得微调半天。关车门前，地勤人员一定会保证所有的行李箱都码得整整齐齐。当行李落到行李转盘时，会有工作

人员将其稳住，甚至将它们统一调整成姓名牌朝外的方向，方便大家快速认领、取走。更贴心的服务包括怕旅客寻找自己的行李箱费时费力，地勤人员会率先将行李箱按颜色分类。

这种服务不得不说是一种很人性化的服务，大多数旅客外出一般都不喜欢带着行李走来走去，大型物流公司会在机场出发厅设立柜台，旅客可以委托公司将行李送至柜台，或者以某柜台为发件地址，委托公司将行李快递到指定地点。

其实所有省时、省力、省钱、省心的体验都可以用一个"值"字来总结。值，是客户基本需求的升华。企业不仅要满足客户需求，还要以更低的成本、更高的效率满足客户更多的需求。一边要提供更极致的服务体验，一边要为客户省钱、省时、省力、省心。值，是一家企业的竞争力所在，让客户觉得更值、超值，是企业奋斗的目标。客户觉得值不值，可以用交易量来衡量。企业是否因此挣钱，关键看创造这种值的方法，是不是低成本、高效率的。

躁动的时代里，一切要追求简单。这样客户才能体会到值。比如不让客户看超过7页的微信内容，不让客户点击不必要的链接，不让客户从"大海里捞针"——用蓝色笔把重点标出来，就仿佛上小学时，为了让学生们考出好成绩，老师们会标出重点一样。这些都是客户思维，从客户的角度思考问题，在其短暂的聚精会神的时间里给其留下一点点的印象，那就是真的成功了。

因此，要把防止客户感到"不满意"放在首位，快速满足客户的需求并解决问题，让客户感到"省心省力"。劳神费力、磨嘴皮、长时间等待这些情况必然会引起客户的不满。

那么，怎么能够让客户感到省心省力呢？

第一，要关注服务结果，重视首问责任制。首问责任制就是那些首先受到来访、咨询或接待办事的工作人员，无论是否在自己的职权范围内，都要给予客户必要的指引、介绍或答疑，使客户迅速、简便地得到满意的服务。比如，现在去银行办事，无论是大堂经理还是银行的工作人员，只要有客户进来办事，都会第一时间代表企业处理其问题，尽可能亲自帮助客户解决问题或引导客户去能够解决问题的地方。

第二，学会洞察客户真正的需求。主动了解客户要求背后真正的动机是什么，多想想客户为什么会提出这样的要求。

比如当客户来电咨询网点地址时，最普通的服务体验就是查询好地址告诉客户，让客户省力的服务是挂断电话后以短信形式把地址和电话发给客户，让客户可以看着短信就找到网点。更省心的服务是主动询问客户到网点需要办理什么业务，也许这项业务可以通过手机银行就能办理，无须花费时间跑去银行柜台。

第三，在为客户提供服务的过程中不让客户"着急"。从时间角度考虑，企业应该能够及时响应客户的需求，有效利用客户的闲暇时间，满足客户随时能够进行交易的要求；从空间角度来看，不论是信息的获取、交易的场所还是服务地点的选择，企业都能考虑到客户的各种特殊需求，让客户感到很便利；企业还应该满足客户对交易过程的便利性要求，做到交易过程的简单、省时；最后，企业在满足客户要求和解决客户问题时应该具有互动性和预防性，以便及时获取客户的反馈信息，有效应对突发问题。当然，这就需要企业对客户进行跟踪管理，确保客户能够得到他想要的东西。

二、2.0体验：尊重、尊崇、尊享

往前追溯十年、二十年的话，市场属于卖方，那时候物品稀缺，人们的购买力高涨，人们会通过各种渠道和方法主动获取自己心仪的产品，只要能买到产品，其他的事情似乎也就顾不了那么多了。而现在随着经济发展，卖方市场已经被买方市场所取代，这是消费者做主的时代。有多种渠道、多种方法购买到自己想要的产品或服务，所以消费者对于消费体验有了

　　　　　　　　　/ 微服务，心体验 /

不一样的期待和需求。比如，对于"尊重"的需求。之前卖方市场营销人员可以不友好，而到了买方市场的年代，消费者绝对不再接受这种"不尊重"和"不友好"。

当消费者有了足够多的选择机会以后，没有人会认为购买产品、接受服务时还应该忍受服务人员的冷淡、白眼与斥责。人们通过购买要实现的已经不只是产品的那一点使用价值了，更高层次的需求已提上日程，这时如果还有哪家企业要表露出哪怕是一丝一毫的不尊重，接踵而来的必然是不满的投诉，如果企业连接受投诉的机制都没有，消费者自然会选择离去且永远不再惠顾了。

这也是2.0体验阶段需要重视的事情，消费者需要被尊重、尊崇。这个时代的消费者在购买产品或享受服务的过程中，追求的不仅仅是产品质量好、服务效果好，还包括在与企业打交道的过程感受到温暖、心情愉悦、被认真对待，所以，尊重成为企业给予客户的最基本体验。

从人性和人心的角度而言，人都有被尊重的强烈需求，企业对于客户的不尊重无论是有意的还是无意的，都会让客户体验到冷漠，从而对企业产生负面的印象，因此，企业要时刻记得，对于客户"没有尊重，一切免谈"。

以人为尊，以人为本的服务礼仪理念其实就是以客为尊，以客为本。如果在尊重的基础上还能有更好的体验，比如被照顾，被用心对待，那就是一种尊享。成功的商家会为进店的客户制造特别体验。这也是体验的第二个级别，客户不仅仅需要"便捷"，更多的是感受到被尊重和尊崇，得到这些才能收获极好的体验。

🔍 **案例**

尊享的体验：溧阳竹溪谷酒店的私人管家式服务

2022年1月，我为江苏天目湖旅游股份有限公司授课，课题内容就是真实的瞬间（Moment of Truth，简称MOT）的细节体验设计。下课后，学员请我入住旗下的竹溪谷酒店，希望我能给他们一些建议。这家酒店坐落在5A景区竹海深处，可以泡私汤温泉，也可感受酒店的"花、琴、棋、茶"等中国传统文化。私人管家式服务从预约开始，全程一对一贴心照顾，订房后的温馨提示，会详细到入住后酒店丰富多样的活动安排。入住登记后，专属的接送车会直接送你到山间的小别墅。路途中管家会为你细致地解说景区的特色和酒店的设施，特别是每日在泳池边上的八段锦启晨仪式，可以让你充分享受，放松身心。入住后，管家会为你放好温泉水，试好水温，撒上玫瑰花瓣，点上香氛，放好音乐再离开，无微不至的照顾让我连连感谢。最惊喜的是茶几上一封手写的欢迎信（图1-6），不是普通的卡片，也不是用签字笔写的，而是多年不见的信笺纸和工整的毛笔字，拆开后仿佛还能闻到淡淡的油墨书香。这份匠心独具顿时打动了我，我不仅好好地收藏了这封信，还在朋友圈里给我的朋友们炫耀了这份不一样的荣耀。这个MOT的细节设计成本不高，却给客户带来了极致尊享的体验，也成为入住全程最耀眼的MOT。

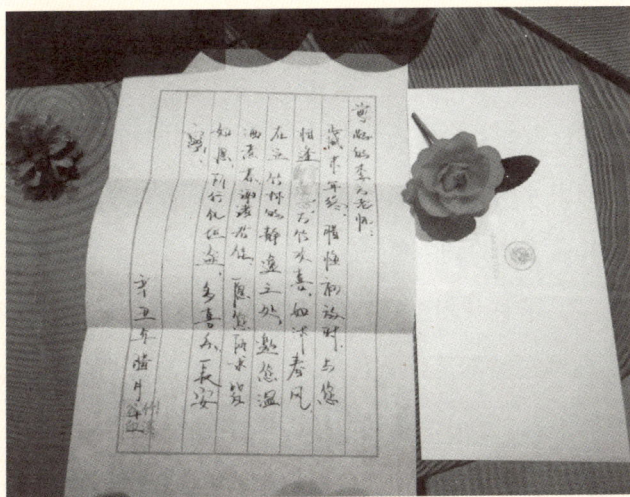

图1-6　手写欢迎信

我们所有人都希望自己得到别人的礼遇，那是一种尊重，如果在尊重的基础上还能有更好的体验，那就是一种尊崇，而成功的商家恰恰会为进店的每一位客户制造这种特别的体验。

要像对待尊贵的VIP（Very Important Person，重要人物）客户那样对待每一个客户，因为每一个客户都是潜在的VIP，都是有个性有不同需求的人。我们要从自身立场上去想，在享受服务时希望受到怎样的礼遇。

有一家信托银行的支行，那里的每位员工都懂得让客户在进门和离开时受到礼遇。这家支行的行长和大堂经理以身作则地营造着整个支行良好的服务氛围。他们站在银行大堂，每次有客户走进去，他们都会向客户问好，不管客户是一个人还是几个人。看到客户要离开银行，就会抽时间和客户道别。这样热情的服务虽然不会提高客户的存款利息，却让客户在这样的银行礼遇下体验到了尊崇感。

其实，了解并根据客户的需求提供服务并让其感受到被尊重、被尊崇并不是什么难事。我们可以从客户的穿着、口音、身体语言、语音和语调、手中拿着的物品对其秉性有个大致的了解。通过细致的观察，也不难发现客户的心思。客户是不是已经等得不耐烦了？是不是赶时间？如果是的话，那就得提高服务效率。客户是否有些焦虑不安？如果是的话，多花些时间安抚他们。客户是否有些快快不乐？如果是的话，可以给他们送份小礼品，也可以给他们讲个笑话活跃下气氛。

/ 微服务，心体验 /

另外，让客户感受到被尊重有一个简单的方法，那就是记住对方的名字和喜好。准确无误地叫出对方的名字或称呼，是对他人最基本的尊重。在服务中照顾到客户喜好、习惯，就是在基础的服务上延伸了服务，更能让客户觉得你非常在乎他。让客户觉得自己被尊重的方式还有很多，只要我们注意到了细节，真正用心地站在客户的角度去服务，客户往往都能感知到。

如今客户的选择更多，企业要想抢占客户，就必须深化营销——从外在到内在。企业要更多地研究客户深层次的需求：除了满足物质需求，他们还关注什么？身份、品味、价值体现、心理彰显等。这些看似摸不着的东西，恰恰是最能打动客户的点。

企业要时刻体现出对客户需求的满足，从而在交互过程中体现出对客户的尊重，这些尊重包括方方面面，比如，尊重客户的时间和空间、尊重客户的文化差异。企业在设计尊重体验主题时应该从以下几个方面来考虑。

第一，让客户在消费和选择之前放心。尊重建立在让客户放心之上，比如，在客户做出决策之前，企业应该通过各种渠道向客户传递一种信息，让客户觉得即使最终不与该企业进行交易，仍能得到应有的尊重。这样的话，即使客户这次没有选择这家企业，以后也有可能光顾。

第二，对客户一视同仁。有的企业对普通客户和VIP客户区别对待，尤其在提供服务的时候差异明显。这样做会让人觉得企业势利，从而对企业的服务或产品产生抵触情绪。在交易的过程中，企业应该尽其所能地为客户提供无差异的产品或服务。即便是低端客户，也有可能在未来成为高端客户，如果因为是低端客户而受到歧视或不尊重，客户就会永远地离开，这样，企业无形中就会失去众多潜在的有价值的客户，也会使企业形象受到损害。

第三，了解不同需求给予针对性解决。客户需求各有不同，所以企业要对不同客户的需求进行把握和满足。给予客户差异化的、有针对性的解决方案，处理好客户对公平性与个性化服务要求之间的冲突关系，避免顾此失彼。

三、3.0体验：有惊喜、有成长、有收获

客户是服务的"享受"者。所谓享受，就应当是快乐的享受。倘若服务没有使客户有快乐的感觉，那么，这种服务至多是让客户"接受"，而非享受。为客户提供的服务应该最大限度地使客户有快乐的感受，这是创造优质服务的真谛。如果你能为别人带来快乐，你就做了一件好事。为客户创造快乐，在快乐中为客户服务都是非常重要的。这也是体验的第3个级别，即3.0体验阶段，客户需要的不仅仅是被尊重，更需

要被感动，能够感受到身心愉悦。

为客户提供良好服务，其价值不应当仅仅体现在解决问题这一个层面上，更要体现在客户对服务的享受性——要带给客户快乐，带给客户美妙的感觉。

我们经常购买东西，也有过真实的快乐感觉。比如，购买了一件商品后，发现商家赠送了小礼品，收到商品的时候心里会有惊喜感。这种方式也是超出预期的体验。客户原本以为只是如此，但是没有想到比想象中更好。这种体验会给客户很大的冲击，品牌会一下子进入客户的内心。如果是好的预期，会给品牌带来新的机会。

客户体验好是因为他们感觉受到了重视。在体验产品的过程中也许连客户自己都没有想到，却被用心考虑，带来超出想象的惊喜。这样的意外之喜，往往会让客户产生一种感觉，即企业在提供有温度的产品和服务。

在海底捞有个客人吃完饭后，想将餐后没吃完的西瓜打包带走，海底捞说不行。可是他结完账后，服务员拎了一个没有切开的西瓜对他说："您想打包，我们准备了一个完整的西瓜给您带走，切开的西瓜带回去不卫生。"那一瞬间客户就被打动了。所以什么才是真正超出消费者的预期，我想这个案例就是。

马斯洛需求层次理论告诉我们：人的需求是由下至上，逐层产生的，当低层次的需求被满足，高一层次的需求就会产生，从生理需求、安全需求、归属需求、尊重需求到自我实现的需求，需求逐级提升，这也成为推动人类不断进步的内在动力。所以，当客户体验了便捷服务、被尊重的服务以后，下一步一定是快乐的服务、有收获的服务。

🔍 案例

惊喜体验——西班牙航空最特别的平安夜礼物

每年的12月24日，从巴塞罗那飞往拉斯帕尔马斯（西班牙）的航班都会在午夜抵达，机上190名乘客将在机场度过这一晚。24日晚上在西方是平安夜，为了给这些午夜抵达的乘客以惊喜，西班牙航空公司为这些乘客精心准备了圣诞礼物。当他们疲惫地围绕在行李转盘旁等待领取行李时，首先在行李转盘上推出的是一个又一个标有各自名字的包装精美的圣诞礼物，而每件礼物上都有个性化的行李标签：每位旅客都收到了意外的圣诞礼物。乘客一开始还有所怀疑，但是当大家开始拆礼物的时候，在场的所有乘客都被感动了。西班牙航空公司将乘客惊喜的反应录了下来，并剪辑成影片投放到网站，48小时内就获得10万次点击，并且有8000多个使用者在脸书和推特上分享影片。

荷兰皇家航空公司也是如此。该公司会根据每位乘客在推特或脸书上发布的帖子，送给他们个性化小礼物，这一举动让乘客惊喜不已。乘客收到惊喜时的笑容非常真实，因为这份惊喜既和自己有关，又出乎意料。而且，这些惊喜的传播效应极强，一天之内就会有超过一百万次的转发。

人类大脑的确对惊喜带来的兴奋感有着强烈的渴望。为客户制造小惊喜让他感觉到快乐和收获的方法有很多，而且很多方法甚至不需要企业承担任何成本。只需要一点点想象力，谁都可以为客户提供意想不到的惊喜。作为回报，客户也会回馈惊喜，不仅会作为回头客光顾，还会在其他人面前为企业传播，为企业带来更多的正面影响。

除了让客户感到惊喜，另一种体验就是要让客户觉得有收获。

案例

让粉丝不仅用精油还要懂精油

阿芙精油是天猫上最热销的精油品牌之一。我不太懂精油，听朋友推荐也在网上购买了一款眼部精油。收到快递，打开盒子，感受到来自商家的满满的心意。

眼部精油只有15毫升，但附带赠送了很多产品的小样。据说这是因为阿芙精油担心消费者盲目买入护肤品，引发皮肤过敏，所以每个产品都配套赠送一些小样，让大家试好再买（也是一种不错的营销手段）。此外，商家还会附带邮寄手写体的祝福小卡片：感谢您，我的衣食小姐妹，期望您多多支持，我家的小房贷就靠您了。这段感谢的话术既诚恳又有趣。除此之外，最精美的是一本关于精油知识的小册子，里面详细地介绍了花材的产地：保加利亚玫瑰庄园、普罗旺斯薰衣草庄园、埃及茉莉庄园。此外，小册子中还仔细讲解了单方精油和复方精油的差异，每种精油制作的工序、萃取的要素和功效。这本小册子绘画精美，内容通俗易懂，像我这样对精油不甚了解的小白客户也可以入门。

案例

民生银行的"我是小小消防员"亲子活动

民生银行汕头分行多名员工为消防指战员家属，利用这一契机，分行派出团队与消防队共同筹备了一期亲子活动（图1-7）。2021年10月底，通过一周的

/ 微服务，心体验 /

筹备、邀约统计采购，团队迅速集结共100人的亲子组合，开启了第一期"益起童行，我是小小消防员"体验之旅。

　　活动现场消防员叔叔向大小朋友们展示拉梯登高、水域孤岛等救援科目；邀约大小朋友实操煤气罐着火如何灭火；近距离感受消防器材装备，小朋友变身"消防员"感受消防战斗服的重量等。这次活动通过寓教于乐的方式增强了孩子们的消防安全意识，提高了孩子们的自护自救能力。大小朋友们都受益匪浅，对活动方式连连称赞。

图1-7　民生银行消防员体验活动现场

在活动结束的当天下午，家长们在活动群分享感受，有人感动于消防员叔叔们半跪地为大小朋友们展示如何快速穿戴消防战斗服；有人感动于消防员叔叔日复一日的训练、实战铸就一张张粗糙长茧的大手，然而他们却也只是一群20岁出头的小孩。

寓教于乐的活动得到家长们的大力支持，活动结束后不少家长自发地在朋友圈传播，没报名的家长还来电询问下一期活动什么时候可以报名参加。很快，县域支行也积极筹备第二期活动，并于同年12月圆满举行。

民生银行"益起童行，我是小小消防员"的活动低成本高感知，从体验的设计来说，是最高级的设计（有成长有收获）；从客户（大小朋友）的感知来说是痛点也是盲点；从成本的投入来说，以家属联谊为契机发起活动，也是一场公益活动；从企业的效益来说，这是一次非常有价值的品牌传播。

🔍 案例

体验的最高级：与品牌共同成长——成为梦想赞助人

2021年，在小米手机10周年新品发布会上，雷军宣布为小米第一批客户赠送1999元红包，没有任何门槛，没有任何"套路"。看到这个消息，作为首批购买小米手机的一个10年"老米粉"，我的思绪瞬间回到了2011年。

那个时候，我曾在小米手机社区官方论坛与其他网友热火朝天地讨论产品功能，提交bug（计算机编程中的程序错误或者漏洞）；那个时候，我曾设置好闹钟等待抢购时机；那个时候，我曾在深夜不断地更新设备的固件，尝试各种应用……

当年小米的口号是"为发烧而生"，在笔者心中，小米就是为了让囊中羞涩的年轻人在那个一部智能手机动辄三四千元的年代，能够用1999元进入这个新的世界，能够"烧"起来。伴随而来的小米同城会、小米爆米花、小米橙色跑、小米之家开业盛典以及各种品鉴会等，相信大家对此都不陌生。

从青年到中年，我使用过超过10部小米手机。尽管后来价格不再是购买手机的首选项，但是我的手边一直有一台小米手机。在现在手机趋同化严重的今天，小米手机提供的细节体验和便利性，还是有独特优势的。

从手机到手机周边，从小家电到大家电再到智能家居，不知不觉家里的小米设备越来越多。有时候有朋友向我咨询电器，我也会主动推荐小米品牌。其产品不一定是最高端的，但是性价比一定是高的，工艺、设计和质量一定是靠谱的。如果出了问题，小米也有成熟的售后保障。

2022年年初我去小米体验店拿预订的手机，当我打开手机，屏幕上出现了自己的梦想赞助人勋章时（图1-8），我很激动，同时也收获了一同取货的其他人的羡慕眼光。与喜爱的品牌共同成长，与喜爱的品牌共同实现梦想，有欢喜，更有一点点骄傲和荣耀，或许这里面的意义不只值1999元吧！小米，给予了"米粉一族"最高级的体验，10年的喜爱和忠诚都在这枚勋章里闪闪发亮。

图1-8　小米梦想赞助人

/ 微服务，心体验 /

3.0体验时代要求让客户有惊喜、有收获、有成长，那么在客户体验管理中就不仅要达到客户的期望，还要尝试超越客户的期望，给客户带去意外的惊喜，只有这样才能让客户感受到快乐。

对于这些超越期望的需求，客户在感受之前往往无法明确表达出来，只是在感受到之后才惊喜地发现这正是他们真正需要的。为了能够给客户提供这些"意外的惊喜"，需要站在客户的角度考虑他们真正需要的是什么。是便利？是知识？还是荣耀？怎么做才能给客户提供这些体验？要将积极的客户关怀理念与主动的客户体验设计落实在整个客户生命周期管理的全过程，这需要更深层次理论的指导。

小景大爱：微服务，心体验

第一节
小景大爱的内涵与意义
***

一、什么是小景大爱

小景大爱，源自《体验为王：低成本高收益的用户策略》[①] 的服务思维，倡导客户感受到的温暖和关怀并不是用高成本、高付出换取的，它是小细节的创新。小场景的设计，通过点点滴滴的用心让客户感受细微的、走心的温暖，满足人们对美好生活的向往和服务体验的升级。小细节品关爱、小细节动人心，小细节更难忘，记住了小细节，客户才会主动成为企业的传播大使。这些小细节需要的成本往往并没有多高，但却需要非常用心。

现在我们都知道服务的唯一标准和目标就是客户的满意度。起初，很多人误认为，为了提升客户的满意度，就要不惜成本为客户提供服务，以此来感动客户。其实，这样做带来的弊端是，服务用力过度，企业成本增加了，最后又把成本转嫁给了客户。这样打造的客户满意往往华而不实。小景大爱提倡的服务是

[①] 本书2017年由中信出版集团出版，作者为哈雷·曼宁、凯丽·博丁。——编者注

不要太过用力，不用高成本，而是要多那么一点点用心就好。

首先，不是去刻意追求感动客户，而是先要解决掉客户的不满；其次，发觉客户的潜在需求，并提供比客户期待高一点点的服务。因为服务都是有成本的，好的服务需要让服务提供者和服务接受者同时获利，如果只是强调大大超出客户的期待，反而不利于服务的可持续性。而小小的投入和用心，并不会让服务提供者感受到成本上的压力，所以更容易把这种对客户的关爱与感动持续下去。

用心的服务往往并不简单。什么叫作不简单？能够把简单的事情天天做好就是不简单。为客户做一个17厘米的汉堡，准备一杯4℃的可乐，这些事情很简单，很多人都能够做到，但是很少有企业能够把一份简单的快餐做到像肯德基这样的规模。这之间的差异就是用心服务，只要用心服务，卖汉堡也能够成为世界500强。而这种用心体现的就是小景大爱，小小的用心彰显服务的温度和对客户的在意，这才是未来企业的服务精神。

曾经某著名房地产物业公司董事长在课堂上和我探讨：老师，现在公司只要提出给业主提供更优质的服务，团队里的主流声音一定是简单呀，只要经费保证，多做活动，多送礼物，业主保证满意。可是，这样的投入对企业来说也是不能长久的。某银行的客服经理也在课堂向我请教：现在的客户都是逐利的，大家随时都在比较谁家产品赠送的东西更好，我们送

/ 微服务，心体验 /

大米，别家送花生油；我们送花生油，别家送床上用品。老师，我们银行的赠品和其他银行相比不是最豪气的，我们如何能得到客户的满意和信任呢？这样的困惑不止存在于一两个行业，从餐饮行业、品牌连锁店、汽车保养店，甚至大型购物中心，似乎都陷入了一个困境：服务本应是每个行业得以体现差异化、个性化的核心竞争力，但在给客户提供服务的全过程中，平庸的服务、乏味的体验没有给大家留下美好的印象，如果没有促销，没有活动，没有用物质利益去刺激客户，那就谈不上客户满意了。此种现状带来了很多痛点，比如无心的员工、无感的客户以及最终无利的行业（图2-1）。

图2-1　现状痛点

好的服务需要真正让客户、员工受益，最终才能让企业和股东受益。好服务有"吸引力"，而所有那些走心的温暖服务，都是用小小的用心创造出的大大关爱与客户体验，从而形成服务特色。

所以，服务并不一定要高代价高成本，时时创新，处处用心。小小的关爱，不需要太多的投入，也能让客户留下难忘的回忆。这样的服务需要洞察客户的需求，真正了解客户，之后才能打动客户。从小细节到微场景，点点滴滴都是站在客户的视角去体会，去发现，提供更走心的服务，给客户带来惊喜甚至感动，这就是小景大爱的核心内涵。

低成本的服务将来会受到企业的青睐，低成本的潜在意义就是在细节上下功夫。"细节决定成败"这句话非常适合当下正寻求服务质量提升的低成本企业。通过关注工作中的细节，发现客户的不满之处，花最小的成本改善不足，从而满足客户的需求，提高满意度。

🔍 案 例

千里送鲜花，礼轻情意重

顾客张女士初次购买燕窝是2021年3月，她在天猫店铺下单了一个308元的鲜享款燕窝。同年6月初，二次复购下单189元的经典款单盒套餐。主播小阙关注后台的时候抱着试一试的态度加了张女士。张女士通过好友认证后，两人聊到了旅游的话题，气氛很轻松。有一天，张女士在刷朋友圈的时候看到了小阙发的活动内容，特意来咨询有什么活动。了解优惠并购买产品后，小阙主动赠送了一盒粽子并附上了亲笔贺卡。七夕节，社群里的一个美女姐姐晒了一张男朋友送她鲜花的照片，在群里和大家分享，张女士看到后很失望，抱怨自己的男朋友是个直男，从来没有收到过男朋友的鲜花。小阙看到后就默默记在心里，当天晚上就给张女士远程购买了鲜花。连续两个月，每周都送花到家。这些都是很普通的鲜花，但心意珍贵。张女士非常开心，还专门晒到朋友圈感谢他。从那之后小阙有什么小礼品都会想到张女士（酸奶、蜂蜜、龙岩花生），张女士也会回馈他一些长沙的特产。此时，张女士对小阙已经非常信任，购买了很多燕窝自用或送人。小阙对此非常感激，自己并没有付出太多，只是用心地去和张女士相处，没想到能得到张女士的信任，也给自己带来了丰厚的回报。

📁 案例

移动"神器"解决机场旅客淋雨难题

在上海虹桥机场，旅客登机需要走过一条20米长的通道，而通道上没有遮掩，下雨天可愁坏了旅客。为了让旅客从摆渡车到客梯车的最后20米不被风吹雨淋，春秋航空在上海虹桥机场拿出了移动"神器"——移动式廊道，顶上带有雨棚，一端连接摆渡车的一道门，另一端连接客梯车。"神器"虽简陋但实用，大大提升了旅客对春秋航空的满意度。一条移动"神器"对于机场而言可以算作是忽略不计的成本，却在服务上让旅客体验到了用心和满意。这就是小景大爱的真实写照。

小景大爱，意味着低成本和卓越服务并不矛盾，卓越的服务有时候并不需要付出高成本的代价，反而建立在微小走心的设计上，以小见大。所以，服务可以全面考虑，但真正落实的时候要注意在细微处用心。

二、小景如何感受爱

小场景如何呈现爱、让客户感受爱，这是服务设计要关注的重点。小场景设计应该从客户画像入手，分析客户群的需求，以需求为出发点，创新细节、优化流程，并进行场景的设计，通过系统的设计，给客户群带来全新的体验，坚持不懈地改善以得到客户的高满意度和口碑传播的忠诚度。

/ 微服务，心体验 /

（一）小场景感受爱

根据不同的服务对象，洞察他们不一样的需求，设计差异化的惊喜服务场景，更能让人感受贴心和愉悦。

📂 **案例**

儿童医学中心站"小茜童乐园"的病患儿童关怀

国内地铁站内提供多种关怀特殊乘客的服务，而上海地铁六号线则根据该线路乘客的特殊需求提供了不一样的服务。记得2019年，我和六号线的储备干部课堂上的学员们一起讨论极致服务，有个文静温柔的小女孩和我分享："老师，我们这站有些特殊。全国各地的病患儿童来附近医院看病，医院人满为患，没地可去，家长就带着孩子暂时在地铁站休息。他们愁眉苦脸，躺的躺坐的坐，有的直接坐在消防栓上，不雅观也不安全。我就想该怎么帮助他们。于是，我给我们站长提建议，希望专门为他们设计一间温馨的小屋，让小朋友们在不知不觉中度过等待就诊的漫长时间。我们铺设了木地板，摆上了孩子们的玩具，还定期邀请医学专家来讲解一些儿童疾病知识（图2-2）。孩子们都很喜欢这里，病患家长也有了休息的场所。老师，您现在到这里来，看到的不再是孩子们的愁眉苦脸，您会听到欢声笑语。"

我问："这个站建立多久了？为什么叫儿童医学中心站'小茜童'乐园呢？"我好奇地问了几个问题。小女孩腼腆地告诉我："老师，这是我名字中的一个字。我是创始人，我们2012年就建立了这个站。"

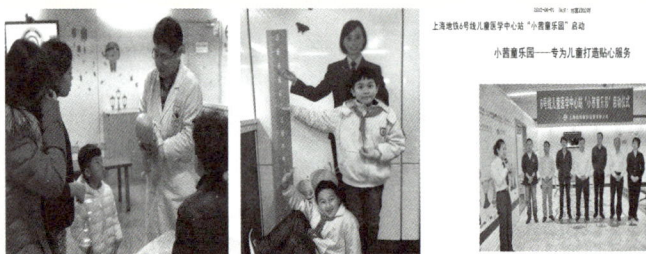

图2-2　上海地铁六号线儿童医学中心站"小茜童"乐园

原来他们已经坚持10年了，顿时我对眼前这个小女孩肃然起敬。10年前她才刚参加工作，在平凡的岗位上感受到了病患家庭的疾苦，在地铁站有限的空间里为病患家庭送去温暖，用真心给予乘客帮助，这样的精神值得弘扬，这样的好服务值得传播。

以上案例给予客户的服务都不需要太高的成本，而打造出来的温暖服务小场景却让人记忆深刻。无论是便民服务还是希望看到患儿们不再愁眉苦脸，所有的出发点都是用心、用爱。这样的用心和用爱，客户是完全能够感知和体验到的。

　　　　　　　/ 微服务，心体验 /

（二）小细节品关爱

小细节是指在提供服务的过程中，通过服务人员的服务细节，让客户感受走心的服务。

什么是走心的服务呢？就是服务人员给客户提供服务是自愿的，跟工资和奖金没有关系，即使客户没有提出要求，服务人员发现有做的必要并且能够让客户体验更好，就会去做。正因如此，客户往往会被这样的服务打动从而感受到惊喜并会自动传播。相对于走心服务，我们多数时候体验的都是平庸服务。比如服务人员因为企业要求不得不执行某个命令，因为不是自愿和自主的行为，所以表现出来的服务水平和状态也就不会让客户感受到满足与惊喜，这样的服务很容易被忘记。走心的服务往往更加注重服务的细节，把心思用在细微之处才能真正体现出极致，也就与平庸的服务拉开了差距，如图2-3所示。

极致的服务往往更容易赢得客户喜欢，因为他们能更直观地感受到温暖与被尊重。

课堂上我常常会问大家：说到走心服务，你会想到哪个品牌？大家都会异口同声地说海底捞。为什么大家都会想到海底捞呢？因为大家都感受过海底捞的极致服务，我也是。海底捞服务的秘密是：学会洞察需求，学会不用客户开口就把服务做到位。

1. 自愿的服务
2. 和工资没有关系
3. 客户没提的要求也
   能想到去做
4. 极致服务会被传播

极致服务　　平庸服务

1. 必须完成
2. 不得不执行
3. 因为工资而做
4. 被动满足客户
5. 服务会被忘记

图2-3　极致服务与平庸服务的区别

案例

"筷递"服务，细节中藏着温暖

某米其林二星餐厅，不仅味道好，服务上也有创新。餐厅里经常出现这样的场景：客人在用餐的时候筷子不小心掉在地上，于是高声呼叫"服务员再拿一双筷子"。如果遇到餐厅正忙，服务员忙着送菜或者收拾碗筷，递送筷子不及时，客人就会自己起身寻找筷子或者抱怨没人理睬自己。于是该餐厅改进了一个细节，服务员的围裙兜里都备着几双筷子，这样一来，不用客人大呼小叫，只要听到筷子落地的声音，服务员就会从兜里

/ 微服务，心体验 /

直接拿出筷子递给客人。最多的时候，左右相邻桌和收银台，会同时递3双筷子给客人。这个服务的小细节让客人感受到不一样的热情。后来这项服务还被取了一个好听的名字"筷递服务"，被更多人赞誉和传播。

📁 案例

"主动搭话"的酒店自助早餐服务

我是一名职业讲师，每年会入住100多家酒店，常常在酒店的早餐厅用餐。去过那么多早餐厅，如果你问我对哪家餐厅有印象，我会告诉你，某省会机场酒店早餐厅很好。我这样说不是因为其菜品丰富多样，而是服务员的主动服务让我感受到不一样的温暖和关爱。

那天早上，我和平常一样背着背包拿着手机，匆匆进入餐厅，我想以最快的速度解决掉早餐，赶紧去给机场地服集团上课。为了节约时间，我进入早餐厅后，先接了杯牛奶，然后就立刻开始寻找位置。这时候迎面走来一位满脸笑容的服务员："您好，女士，您是坐哪个座位，我先帮您把牛奶端过去吧。"我吃过那么多家早餐厅都是自助形式，还没有被主动服务过，我赶紧说：

"谢谢您，我还没座位，我自己先去放好吧。"等我放好背包，再次起身寻找餐点的时候，这位服务员又主动给我介绍："女士，我们这里的鲜肉包特别受欢迎，您要不要尝尝？"第二次被她主动服务，让我对她特别留心了，我暗暗记下了她的工号和名字。等主办方来接我上课的时候，我特意问道：××工号的女孩×××是认识我吗，知道我是老师吗，为什么她的服务这么主动？主办方的老师笑起来说："老师，她肯定不认识您，非常谢谢您对我们的肯定，我们从去年开始就在倡导每位员工在自己工作岗位上多为客户想一点，多为客户做一点，眼快手勤，这就是我们的优质服务，看来这一年的宣讲和倡导有了一点点成效。"

📁 **案 例**

4分钟的加油时间也可以带来海底捞的体验

我给国内某民用加油站上课之前，曾实地走访过他们的加油站。和传统的加油服务不同，汽车驶入他们的加油站，停好位置等待加油的间隙，员工不是在旁边等待，而是拿起干净的长柄拖把帮助车主擦挡风玻璃。

/ 微服务，心体验 /

加油的时间平均只有4分钟，但就是这短短的4分钟，也能让车主感受与传统加油站不一样的服务理念：他们不仅提供了优质的油品，还提供优质的服务。所以，小小的加油站，并非在主干道上，但是来加油的车辆络绎不绝。据该加油站工作人员介绍，这项服务他们从2018年坚持至今，已成为周边加油站学习和效仿的对象，所以他们还需要提供更好的创新服务给车主。

加油只有4分钟，还能提供哪些服务？显然，要在服务细节上下功夫。他们根据不同的司乘人员提供了很多创新服务。

网约车或出租车的师傅习惯带着茶杯，员工会观察他们车座上的茶杯是否需要续水，在他们没开口之前，主动关怀，主动倒水；车上有老人或小孩，员工会主动询问是否需要上卫生间，并主动带路引导；看看座位下是否有垃圾袋，主动帮助车主清理车内垃圾；冬天，天气寒冷，还可以把矿泉水加热保温再送给车主，等等。寻常处见功力，细节处见真章，相信这样的服务能让司乘人员感受到如沐春风的温暖。

让客户从小场景的服务中感受到爱，至少体现出两大核心要素：第一大核心要素是行业真正在向以客户为中心转变。对于一个从事服务业很多年的从业者来讲，如果有人问他们能提供哪些服务时，他们会如数家珍地列举出自己都能给客户提供哪些服务，但描述时主语永远是服务提供者。而在场景化中，在阐述自己所能提供的服务时，主语一定是客户。也就是说，对于服务从业者来讲，服务的场景化实质是服务主语的转变。第二大核心要素就是服务业的核心与本质不变，服务场景化是新概念，但实质还是聚焦在怎么样给客户提供更好的服务体验。现实生活中，场景是我们所处的情境，不仅包含我们此时此刻周遭的环境，还包括我们的状态。服务场景的创新就是使服务场景变得跟原来不一样，变得有新意、能吸引人。这将使服务真正意义上从主动层面、从更宏观的层面、从企业的层面实现场景化。而这样的服务场景化，在提升产业价值中将起到重要作用。

在给客户提供服务的全过程中，客户往往抱怨平庸的服务无法使其留下印象，服务人员只关心指标，根本不懂客户的实际需求。因此，从客户的视角、竞争的视角和行业的视角重新审视服务质量，打造极致体验，建立服务体系，树立独特的品牌形象，才能保持竞争优势，获取客户资源。

第二节

小景大爱，见微知著

* * *

一、低成本高感知

如果要给服务下一个明确的定义，服务应该是以最低成本的投入获取最大效益的营销。很多企业在前期营销的时候成本都很高，比如很多购物中心花了不菲的广告费吸引客流，可是知名度有了，却没有提供优质的服务。刚刚启用的停车场没有明确的指示牌，出口拥堵也没人指引，蜂拥而至的消费者怨声载道，纷纷发抖音、发朋友圈，提醒家人及朋友不要来凑热闹。营销做得再好，服务达不到客户的要求，最终吸引的"客流"也没法转变为"客留"，前期的营销投入也会白白浪费掉。

小景大爱，打造低成本高感知的服务，恰恰是很多企业的必修课。因为根据服务1∶5∶20的原则，一个对服务感知度高的客户能把优质服务推荐给他周围的5个人，而一个对服务感到不满意的客户至少会告诉他周围的20个人。这说明什么问题？说明花高成本做推广和营销只是手段，让企业扩大知名度才是目的。如果花了这么高的成本最后服务做得无法令客户满意，客户口碑宣传不会给企业带来好处，反而会带来坏处。所以，服务本就是最低成本的营销，如果设计低成本的服务，换来客户高感知的满意度，这样的企业终将会用极致服务为企业筑起护城河。所以大量的企业，为了提高客户服务体验，提高服务满意度，不惜投入高额成本。但是，优秀的企业，懂得用最低成本打造高感知度的服务。他们敏锐地洞察到客户的需求，懂得用细节设计来传达服务的价值。他们不需要巨资投入，往往只是小小的改变，就能让客户欣喜若狂。

🔍 案例

日本帝国饭店的极致服务和细节创新

该酒店为了让客人从打开车门那一刻起就能感受到帝国饭店的贴心，当客人搭计程车来到门口，门童会先从身上拿出纸钞替客人付费，让客人不会因找不到零钱或忘了换日元而手足无措。每一位门童都会随身准备好5张1000日元和1张5000日元的现钞，放在自己的口袋中。独一无二的服务，不但让客人满意，还受到计程车司机的好评。由于门童必须替客人搬行李，手套难免弄脏，因此帝国饭店规定门童每30分钟换一次白手套，洗衣房每天要洗100双白手套。

给门童准备零钱和每30分钟换一次白手套，这样的成本高吗? 对比花高价钱做广告宣传, 可以说这样的成本微乎其微, 但客户因为门童提前备零钱的举动和换白手套的服务, 收获了更好的服务体验。

某购物中心的亲善大使服务

某省会城市的购物中心, 因为坐落在商圈的繁华地段, 也是当地的地标性建筑, 吸引的不仅是本地消费者, 很多游客也纷纷在这里来打卡游玩。为了让消费者感受到如同去迪士尼游玩一样的体验, 他们打造了一支亲善大使的队伍, 在日常巡查中, 专门为大家提供各项服务: 比如给拖着行李箱的游客推荐屋顶的网红熊猫打卡点, 给逛街的情侣拍照, 给带孩子的宝妈指引母婴室, 给三代人出游的游客介绍老少皆宜的餐厅, 给时尚男女介绍潮牌店的签售活动等, 这样的服务并没有增加购物中心财力和人力的投入, 却能让消费者一进购物中心就感受到被尊崇。帅气靓丽的亲善大使戴着小礼帽, 胸前佩戴大使勋章, 得体的礼仪、亲切的笑容成为购物中心一道靓丽的风景线, 该购物中心也因此吸引了全国各地的消费者，每年的销售额在全国购物中心排名前10。

　　用低成本去打造高感知，就是用很少的付出，赢得客户的信任，从而维持一段长期的消费关系。永远记住，我们的对手不是同行，而是随时变化的客户需求，只有把客户的需求随时放在心上，并满足这些需求，才更容易赢得客户。

　　现在很多服务企业为了留住客户，也开始在服务客户的方式上多下功夫、多用心，比如从微笑服务，一对一服务，私人助理服务，VIP套餐服务到客户生日送鲜花送礼品服务，邀请客户参加答谢会、酒会、品鉴会，等等。但这种高成本的场景布置和高价值的礼品赠送却不一定能换来客户黏性的增强。因为这些服务没有设计，只是靠礼品堆砌，太普遍而且缺乏差异性。就好比客户生日，同时收到某某酒店、某某银行、某某航空公司的短信祝福或者鲜花礼品的时候，除了换来一声谢谢，不会有更深刻的感受。所以，企业这种高成本打造的服务并不能从情感上打动客户，让客户产生高感知。其根本原因是各大企业都在模仿这些服务手段，服务趋同而且缺乏新意。客户对企业的做法感到稀松平常，从而不会产生多么特别的体验。

　　低成本高感知正是要改变这种千篇一律、没有新意的服务形式，从不同人的需求入手做到差异化，最终让人眼前一亮，触动客户心底里的那个惊喜开关。

/ 微服务，心体验 /

某购物中心的管家服务

购物中心设置VIP服务中心，其功能是提供礼品置换和特殊人群的服务，客户可以在这里休息，但却不会产生差异化的感受。某购物中心设计的VIP客户体验就不太一样。客户一个电话就可以预约管家服务，管家可以事先预留好车位，让客户没有停车等位的烦恼。电梯直达5楼的贵宾厅，专属的色彩搭配顾问已经提前为客户准备好适合身型的服饰，这些服饰都是客户喜欢的几个品牌，而客户也可以独享专用试衣间。如果客户带着小朋友，管家还会贴心地为小朋友准备好儿童玩具。最难得的是管家了解客户最喜欢的奶茶和网红蛋糕品牌，无须客户排队，管家已经提前给客户准备到位。在轻松惬意的氛围中，VIP客户很乐意为全方位体验买单。某钻石卡客户就对此赞不绝口：这个品牌的东西哪里都能买到，但我最愿意来你们这里，只有你们才真正做到了懂我，来你们这里消费就是一次愉快的享受。

和传统的VIP服务相比，这才是差异化服务。管家由品牌方的员工担任，投入成本并不高，只是提前做了些准备。只要平时做好了信息的记录，提供这些服务并不难，但提供此种服务带给客户的感知却完全不同。低成本高感知，就是站在客户需求的角度，在其享受服务过程中花点小心思，给客户制造惊喜，让客户记忆深刻。

二、小投入大回报

在生活中，我们经常发现两家店铺或品牌，在硬件投资和营销方面做得都差不多，但受欢迎和赢利的程度却大不一样。究其原因还在于是否在服务细节方面用心。

不少企业把营销的重心放在了价格上，也注重了平民路线，也追寻物美价廉，但却忽视了在细节上下功夫，这样往往很难赢得回报。而有些店铺或品牌比较注重整体意识和细节概念，能够做到以情动人、以细节去打动客户，因此产生了"小投入大回报"的效果。

在我们身边，想把事情做好的人很多，但愿意把小事做细的人却不多，我们不缺少精明能干的管理者，但缺乏精益求精的执行者，坚持积累，积少成多。我们可以从目前各行各业的商家们重视服务细节看出竞争的激烈程度，坚持从细节出发做到精益求精，才能让企业得到长远发展。

对于客户来说，这些服务细节带来的心理感受很不一样。重视服务细节根本不需要多少成本，但是会让客户觉得这个品牌更细致、更贴心。要知道，在供大于求的市场中，除了产品质量，服务细节已经成为客户是否决定购买以及复购的重要因素之一。

医院小改变降低了大成本

通用电气的核磁共振仪器最初投入医院使用的时候，得到的反馈就是孩子们特别抗拒，为此不少医院为了让孩子们安静地做核磁共振检查投入了不少麻醉方面的成本。后来他们把核磁共振检查变成孩子们的大冒险，并在墙上和机器上画了很多图案。他们请懂孩子的人，比如儿童博物馆的工作人员，给医务人员重新培训，要求他们把核磁共振仪器看成是海盗船，进行检查的过程看成是探险，让每个孩子面对核磁共振检查的时候，都觉得自己是要去海盗船上探险。负责核磁共振检查的医护人员会对孩子说："好了，你现在要潜入这艘海盗船，别乱动，否则海盗会发现你的。"

就这样一个小小的投入，请懂孩子的专家对医护人员做了简单的培训，使得孩子们不再抗拒核磁共振检

/第二章/小景大爱：微服务，心体验/　　　　　097

查，孩子们做完检查后总会问："妈妈，我们明天还能再来吗？"医院和通用电气公司对此都很高兴，他们不用一直找麻醉师了，每天可以做的检查数量也大幅增加，效果十分显著，成本从之前的80%降到了10%。

📁 案例

高速公路的笑脸设计

某高速公路上经常因为驾驶员超速导致交通事故频发，交管部门投入了很大的人力物力也没能使事故率下降。后来，交管部门一反常态，没有用我们常见的写有限制行车速度的标牌来提醒司机不要超速，而是用一种可以不停变换笑脸和哭脸的标识牌，来提醒驾驶员现在是否超速。如果没有超速，就一直显示一个大大的笑脸；如果超速，就显示一个沮丧的哭脸。

就是这样一个小小的心思，带来了意想不到的效果。和过去相比，这个做法预防了交通事故发生。关键是，制作此标识牌的花费，不到传统超速照相机的10%。

让客流量提升的机场单飞陪伴服务

　　暑假期间是机场航空公司运载旅客的高峰期，某机场每年暑假会迎来很多去异地探亲的儿童，为了提升特殊旅客的单飞体验，机场推出了3项措施：①在特殊的服务区划分了单飞儿童休息区。②专门挑选已经当了妈妈的地勤员工陪伴单飞儿童，这些妈妈员工设计了很多亲子互动游戏，猜谜、涂鸦，还有讲故事，让孩子们在离开家人的时间里，既安全无忧又能快乐交友。③给孩子们准备凉爽可口的饮品。这项服务被命名为"快乐单飞"，2016年推出后，得到家长们的积极响应，该机场暑假单飞的客流量较往年提升了25%，不仅如此，现场欢乐的照片被上传到公众号，家长们可以第一时间关注并下载和传播，提升了机场的影响力。

　　以上这些案例不正是服务过程中，小投入大回报的典范吗？

　　所以，服务不需要太高深的理论，太费精力的打造，恰恰是那些细微之处的关心、用心，能够给企业带来回报，还可以降低成本。

第三节

小景大爱，知易行不难

* * *

一、温度服务只有服务精英才能做到吗

提起有温度的、令人感动的服务，大家先入为主认为必须是那些极少数的、有丰富服务经验的或者经过长期培训并晋升到管理层的员工才能做到，一线普通的员工难以做出有温度的服务。事实果真如此吗？

服务不忘初心，把客户当成好朋友，把客户当成亲人，从内心深处关怀客户，就能给客户带来走心的服务。这样的服务不是被制度逼迫而进行的程序，不是为了绩效考核必须执行的动作，更不是为了作秀而提供的过度服务，它是源自员工的爱心、同理心，提供服务的人能设身处地地为客户提供周到细致的服务，给到客户不一样的温暖。如果员工缺乏积极乐观的心态，或者付出一点点都要衡量回报和收益，那么再系统的培训，也无法使其养成提供有温度的服务的习惯，也难以创造出温暖的氛围。

事实上，往往很多来自一线的普通员工，他们是直接接触客户的人，他们能第一时间感知客户的需要。其敏感的洞察力、主动热情的服务习惯，就能让客户惊喜甚至感动。

一碗清淡鱼汤，感动了卧病在床的客户

　　课堂上，我会和大家讨论一个问题：如果你的VIP客户因为胆结石开刀住院了，你知道消息后，是否会到医院去探望？大家异口同声地说，当然要去。那么你会带什么去探望呢？这时候，大家七嘴八舌地说，买一束鲜花，买一些提升免疫力的补品，最好再买些新鲜水果。听到这些答案，我反问道：如果这是你的亲人，你会买这些吗？大家愣住了，事实上，把客户当亲人，当朋友，我们的关怀点就完全不同了。如果是我们的亲人，第一时间我们想到的应该是，他动完手术身体很虚弱，应该吃点什么才能慢慢恢复食欲。所以，当某品牌女装的店员得知平时最喜欢和她们聊天也常常买她家衣服的丽姐，这段时间没光顾是因为患了胆结石进医院了，她的女儿在外地，先生工作也很忙，可能身边没有看护的人后，她们下班后第一时间去菜市场，买了新鲜的食材，回家熬了清淡的鱼汤，带过去看望丽姐。丽姐看到她们来看望自己，惊喜之余再喝到她们熬的鱼汤，热泪盈眶，这样的关心确实只有至亲才会想到。所以，小景大爱，它并不是高深的服务理念，也不是娴熟的服

务技能，它源自初心，不走形式，不用金钱衡量，但却给客户带来难忘的体验，这样的服务才能打动客户，并留下美好的回忆。

温暖的服务是"眼里有事，手里有活"

在某酒店，一名维修部的员工正在更换大堂天花板上的灯泡。他眼角的余光扫到一位女士手里拎着好多袋子，身后还跟着双胞胎儿子。孩子们裹着毛巾，身上还在滴水，女士一边叮嘱孩子跟上，一边匆匆忙忙地走进大堂走向电梯门，看上去一副手忙脚乱的样子。站在梯子上的工人觉察到了这位女士的窘境，于是放下手里的工具，走下梯子，帮她按下电梯键并亲切友好地说："欢迎回来，女士，您袋子不少，我来帮您拎袋子吧。您要去几层？"女士连忙道谢说："你们服务真好，每个员工都对我们很热情。谢谢您，我们去八楼。"

看到这个故事的时候，相信管理者们会嫉妒，是什么样的培训能够让员工达到这种服务水平？一个维修部的员工能主动去服务客户，并且对客户产生同理心。

工作中很多员工即使看到了客户的需求也会觉得"这不关我的事，我日常的职责是换灯泡、粉刷天花板、修管道"。假设那位员工就是这样的心态，那么手忙脚乱的女士就会有被忽略的感受。她可能会主动求助，请大厅的服务员去帮忙，当然效果就不一样了。因为前者是主动发现，而后者是被动去帮忙。

这种服务是赢得客户忠诚度非常可靠的途径，因为客户感受到了被尊重，甚至是惊喜。她从维修工人身上看到了整个酒店的服务温度。所以，走心的服务人人都可以做到，关键能从心底认同客户至上的服务思维，养成主动服务的习惯。人人都是服务明星，企业就有了核心的竞争力！

美国西南航空公司的员工部要和18000多名员工打交道，但是该部门的职员只有100人，员工部的每一位成员都要在该部门的使命宣言上签名，签了名的使命宣言十分明显地张贴在总部的墙上，上面写着："我们认识到员工就是公司的竞争优势，我们将会提供各种资源和服务，帮助我们的员工成为优胜者，以支持公司的发展和获利能力，同时保持西南航空公司的价值观以及特有的企业文化。"尽管西南航空公司成功的原因很多，而员工对公司成本结构和服务品质的贡献也应该是其中最重要的因素之一。

在波士顿咨询集团工作的航空业专家哈罗德·瑟金说："西南航空公司之所以如此出色，是因为其员工能团结一致，尽力使流程周转加快，这是西南航空公司的文化一部分。"

因此，小景大爱的温度服务不能只是服务精英做到，而是需要企业自上而下形成服务策略思维的共识，坚持客户至上的服务思维，倡导积极的服务行动，只有这样企业才能打造极致服务。企业就像春天的花圃，每一个员工都是一粒花种，只有百花齐放，才能感受春意盎然。

二、温度服务是否需要大量投入

通常情况下，人们会认为服务应该只关注大问题，需要在很多地方加大投入，想要服务做得好，需要一定的人力、物力和财力。不可否认，对于一家企业来说，成功不是孤立的，在硬件上加大投入固然重要，但是，只有细微处做好了，才能带动整体的成功。

酒店要经营得好，房间宽敞舒适、楼宇的智能化配备固然不可少，但精细的服务更让人印象深刻：希尔顿酒店入住登记后奉上刚烤出来的香喷喷的桃酥饼，亚朵酒店的一杯欢迎茶让还没进入房间的旅客好感倍增。

航空公司对飞行的安全和快捷的硬性要求必不可少，但良好的服务体验才是美名远扬的关键：川航航班因为天气原因临时备降其他城市，一名空姐蹲下耐心给乘客解释。诚恳的态度、亲切的关怀，让喧闹的机舱顿时安静下来。大家多了宽容，也多了理解，还有旅客拍下这一幕上传到微博上引来更多人为川航的服务点赞。

银行改造厅堂环境固然会投入大量的成本，但日常服务的点点滴滴更考验一个银行的整体水平：某农商行网点，从门口的保安、厅堂的大堂经理到窗口的柜员都能认得常来办理业务的老年客户，他们会亲切地问候："李奶奶，早上好，好久没有见到您了，您家小孙子该上幼儿园了吧？"和爷爷奶奶拉拉家常，聊聊儿孙，教教他们使用最新的手机银行功能……其乐融融的厅堂，家人般的关怀，让这里成为老年人常来常往的地方。

所以，有温度的服务并不需要大量的投入，而是需要用心、细心、耐心、真心来打造。

🔍 案例

乘务员为特殊旅客提供暖心细致的服务

有一次赶上"十一"旅游黄金周，我乘坐从深圳到合肥的航班，遇上了一个残障人士旅行团出行。当时，地勤人员把这个情况告知了乘务组。乘务长立即安排残障旅客优先登机，组织所有乘务人员协助地勤人员上前搀扶或背起旅客登机，细心为旅客调节好座椅，垫好软枕，盖好毛毯。飞行过程中乘务组一直关注着这群特殊旅客，细心洞察需求，悉心照顾，帮助搀扶旅客使用卫生间。提前与目的地保障部门沟通，飞机到达时，托运的轮椅就已经提前安排至舱门口，小心搀扶旅客坐好，安放好随身行李。旅客全程洋溢着满意的笑容，温情的感激之语，是对乘务组用心付出的最大肯定。这体现了"航班有终点，服务无止境"的服务理念。

案例

用心观察客户需求，一碗蒸蛋就能赢得客户的好感

有位妈妈带着刚半岁的孩子参加婚宴，婚宴在大厅，人来人往声音嘈杂，凉菜上齐后人们就开始用餐。这时候孩子由于声音太吵开始哭闹。这位妈妈只好一边哄着宝宝，一边有些不好意思地向周围的人赔笑。这时候，一位服务员看到了这一幕，快速走过来询问情况，才发现半岁的宝宝吃不了婚宴的菜品，于是服务员马上吩咐后厨给孩子蒸了一碗水蛋，并且出锅以后把蒸好的

/微服务，心体验/

蛋放在凉水里冷却了一会儿，端到客人面前，并说："这个已经在后面用凉水冷却过了，您可以放心地喂宝宝了。"宝妈听后感激地说："真是太感谢了，你的服务热情还贴心。"接着，同桌的客人们都说："这个酒店服务真不错，以后有需要就选这里。"

所以，服务不需要投入多大的人力、物力、财力，而是要比标准服务多一点温度，比传统服务多一点创新，看谁为客户想得更周到，看谁为客户做得更细致，看谁对客户表现得更真诚。细心服务，小小的善举就能赢得客户的心，这还需要多大的投入吗？

服务应带一颗感恩心，感谢客户的选择和支持，也感谢客户提出宝贵的意见。人与人之间建立良好关系的基础是真诚，而企业与客户之间建立长期合作关系除了因为利益，还应该对客户抱有一种感恩的心态，这能使客户信任和支持企业，从而创造出更多的价值。

经营人心是服务的终极目标，对于企业和员工而言，在服务上的投入无非是精神文化的投入，只要企业服务文化做得好，可以说在财力上的投资是很小的。

三、温度服务是否很难坚持

稻盛和夫在《干法》一书中曾说，看起来平凡的、不起眼的工作，却能坚韧不拔地去做，坚持不懈地去做，这种"持续的力量"才是事业成功最重要的基石，才体现了人生的价值，才是真正的"能力"。

服务的点点滴滴也需要持续不断地积累，最终才会成为不可撼动的竞争力。但是很多企业都有一个困惑，标准服务大多能做到，但是温度服务却千差万别。员工心情好，服务就好，若刚受了委屈，标准服务都难以保持。所以企业很难形成一个持续性的、融入文化的、自主自发的服务理念。

之所以温度服务难以坚持，最大的问题来自"服务没有被认可"。比如企业的服务没有得到消费者认可，员工的服务没有得到企业、同事之间的认可。如果这几个方面都得不到认可，又哪来把服务做到极致的动力呢？在心理学方面有一个著名的理论叫"皮格马利翁效应"，也被称为罗森塔尔效应。当时罗森塔尔和他的助理做了一个实验：在一所学校同一个班级选了两批学生，一批被告智商超常，另一批则被告知智商正常。而教师们在教育过程中给予那些被告知智商超常的学生很大的期望和积极正向的鼓励，另一批只是平常对待。结果经过一段时间的测试，那些被告知为智商超常的学生们的学习成绩

/微服务，心体验/

大大提高了，而且智力测试分数也相应提升很多。因此，罗森塔尔推断出教师对被认定为智商超常的学生给予更多的积极影响真实地改变了学生，使这些本来与其他学生智商一样的学生得到了如此大的提升。

该效应是一种积极正向的心理暗示，对于每个人来说都有明显的作用。如果企业里服务人员不积极、不主动，背后一定是没有被激励和鼓励，如果管理者或企业培训能够给这些服务人员以鼓励、欣赏和认可的话，那么每一位员工都能被激发出不一样的服务意识和情怀。他们由于被认可而渐渐变成一个勇于自我完善、不断变得更好的服务者，尤其是服务得到客户的认可以后，又会反过来促进服务质量的进一步提升，形成一种良性的循环。

我认为，一个从心里得不到自己认可的事情，是无法持续的。这就好比我们每个人的工作，只有让人乐在其中的事情，才能更好地坚持下去。只有认可这件事情，也认可做这件事情对自己的意义，才有可能享受过程中的乐趣以及小阶段之后的成就感。这种小乐趣和小成就感，就是我们继续往下走的无穷动力。服务就是这样，只有服务得到认可，员工才会在服务的过程中享受到乐趣，坚持也变得容易。

某呼叫中心的爱心早点分享

呼叫中心的工作压力大，遇到不讲情理的客户，消极情绪很容易蔓延到整个团队，因此呼叫中心员工流失也比较严重。某呼叫中心，很多员工刚毕业就来到这里，已经坚持七八个年头了。他们为什么能坚持下来，客户满意度也年年提升呢？他们的班组长在课堂分享了他们的经验。每天的晨会上，除了讲解一些注意事项，更重要的是他们会让员工分享昨天的工作给自己带来了哪些难忘的快乐瞬间。分享的员工神采奕奕，团队的同事还会给他拥抱和鼓励。特别优秀的新员工，班组长还会自制爱心早餐送给他。被团队认可，也是员工坚持下来的力量。

小红包鼓励使有温度的服务得以坚持

广州某银行外呼中心，虽然沟通的对象都是本行的客户，但是外呼的产品推荐依然会被无情拒绝。特别是新员工，入职一周推荐的产品都没有被客户接受，客户拒绝银行的信用卡产品推荐，新员工感到挫败，工作也很难坚持下去。

广州某银行外呼中心有个不成文的奖励规定。一天内谁是最早推荐成功的员工，下班后，领导会在群里发小红包表示祝贺。红包金额并不多，重要的是领导会写下一段鼓励的话：小丹今天9点15分就成功推荐一个3万元的现金分期，简短的沟通，精准的推荐，贴心的话术，让客户立刻就接受了。她最近积极学习产品话术，下班后主动留下来回听录音，特别努力。小丹是我们团队新员工的好榜样，希望大家向她学习。小丹开心地收下红包，感谢了领导，她保存了这段鼓励的话，分享给家人。得到领导的认可，小丹也成为团队最早转正的员工，并坚持至今。

所以，真正的服务并不难坚持，关键是能否找到被需要的幸福感。当企业管理者和团队具有服务思维，多形式、多方法地鼓励大家，并引导团队感受被客户认同的价值感，温度服务自然而然就成了企业文化的一部分，成了员工自主自发去做的事情。当温度服务成为一种习惯以后，它就会扎根在每个员工的心里，生根发芽。

所以，优质的服务起点在企业，只有企业先服务好自己的员工，才有员工愿意把更多的心思放在服务上。同时，好的服务会带来客户的认可，客户的认可又催生更好的服务，从而形成良性循环。

服务人员在为客户服务的同时，也在为企业服务，实际上也是在提升自己的综合素质。当企业和员工都具备了服务的意识，大家就会觉得每个人都处于一个大的社会系统中，相互依存，相互服务。提高了对服务的认识，激发起人在服务过程中的主观能动性，员工也就不会把温度服务当成一种负担，而是当成一种本能。

第三章

小景大爱之细节创新

第一节
服务关键时刻

***

一、服务体验的关键时刻

　　什么是服务体验的关键时刻呢？在客户满意度研究中有一个非常重要的分支，英文是Moment of Truth，简称MOT，即关键时刻。也就是说，任何时候，当一名客户和一家企业的任何一个层面发生接触，无论这个点多么微小，都是一个形成印象的机会，都会关系到客户对企业品牌认可的关键时刻。

　　为了直观了解什么是服务体验中的关键时刻，可以先看一个我经历过的故事：

　　有一次和朋友去逛商场买鞋，店里试鞋的客人很多，一个年轻的导购非常热情地帮我们拿鞋、试穿、换号码，大概试了近一个小时的时间，我和朋友每人选了两三双准备买单。这个时候朋友讲了一句："我们可以再去另一个商场专柜看看，有没有今年的新款再定。"听朋友这么一说我就心动了，于是也决定先去另一个更大的商场转转。听到我们说不买单要再去其他商场转转，导购表情有些不悦，小声地说："您要是去别的商场逛不早点儿说，浪费了我一个多小时，那么多客户我都没照顾到。"朋友听了很不高兴，瞪了导购一眼，拉起我头也不回就往外走。当时我心里也觉得过意不去，毕竟试穿了那么久。但是朋友说，导购的工作就是要有耐心，客人有试的权力和不买的权力，她抱怨就是不对。

难为这位导购前面服务了那么久，只因为最后一刻说了句不该说的话，之前的努力通通被一笔勾销。品牌再好也没有用，我们只记得她说的那句话。这能怪客户吗？

这个故事就验证了什么是"关键时刻"。在服务体验中，每一个触点都是一个关键时刻，从客人进门到离开甚至包括售后都很重要，要让服务意识体现在方方面面，不能有任何疏忽和闪失。

关键时刻定义是在20世纪80年代，由北欧航空公司卡尔森总裁提出的。他认为：每位客人接受其公司服务的过程中，会与5位服务人员接触，平均每次接触的短短15秒，就决定了整个公司在客人心中的印象。于是将与客人接触的每一个时间点定义为关键时刻，他认为服务人员的"A"（Appearance，外表）、"B"（Behavior，行为）、"C"

（Communication，沟通）三方面是影响客人忠诚度及满意度的重要因素。这三方面给人的第一印象所占的比例分别为52%、33%、15%。

正是在卡尔森的带领下，当时北欧航空提出了全新的理念："以前，我们驾驭飞机；现在，要学会驾驭乘客"，并且由此打通内部信息渠道，全力培养一线员工的认同感和使命感，改善每个环节的服务意识和流程，由此创造了北欧航空浴火重生的奇迹。

对于任何一家服务型企业，关键时刻的触点都能影响到客户体验，最终影响客户对企业的印象，从而影响了购买、复购和推荐购买等一系列后续行为。

因此，企业在设计与客户接触的相关流程时，必须从客户角度出发，思考如何在这些接触点上提升客户体验。对客户而言，他只会记住那些关键时刻。处理好关键时刻，是服务最基础的工作。这些印象累积起来，就构成了客户对品牌的定位和偏好，最终决定企业是否能基业长青。

🔍 案例

把细节做到最好，服务就是现场力

日航通过关键时刻管理，在经历了从破产到重生后，成功实现了扭亏为盈，塑造了一流的服务品牌形象，并且成为其他商业企业学习的参考标杆。在《极致服务：以客户为中心的服务之道》一书中讲到，日航的地勤人员给乘客留下了衣着笔挺整齐的强烈印象，他们英姿飒爽，彬彬有礼。比如，问候鞠躬分开进行，因为先问候后鞠躬，看起来更好看，手触屏幕的动作要避免只是中指操作，而是手指并拢，手背向上，中指操作，这样的动作才能更美观。操作电脑帮乘客办理登机手续时，地勤人员不得不低头操作，偶尔还会皱起眉毛，这样也很难给乘客留下好印象。所以，地勤人员要意识到不能一直盯着电脑，要时不时地抬起头来，看着乘客的脸说话，确保从形象到动作再到沟通，和乘客接触的每分每秒都能留下好印象。据国际航空部门的"再乘坐意向"和"客人满意度"的调查结果显示，日航连续5年名列第一。他们不仅获得了"空乘人员待客服务"第一名，也获得了"机场航空公司职员待客服务"第一名。可以说这两个奖项是对日航服务的极高评价。因此，站在客户角度，以客户为中心，把关键时刻管理做到极致非常重要。

浙江收费站让人难忘的微笑服务

2019年的夏天，我出差到浙江金华、义乌、永康等地，连续好多次都是深夜路过沿线的收费站。最难忘的是有一次深夜12点了，驾驶员师傅告诉我，方方老师，我们快到了，我直起身，看向窗外。此时我惊讶地发现，收费站大姐看到我们停下，微笑着问候我们："晚上好。"深夜了，收费员还可以做到微笑服务，不容易也不简单，我在心里暗暗赞叹。送离时，收费员大姐主动欠身双手递还卡片，我情不自禁地对她道谢："谢谢您，你们服务真好。"一个微笑一个欠身，让我对浙江收费站好感倍增。后来还有两次也是深夜经过浙江收费站，无一例外都感受到了微笑服务和主动服务，这些点点滴滴的细节塑造了浙江收费站的文明服务好印象，这就是关键时刻的魔力，也是我们常说的细节决定成败。

关键时刻，它有两个核心点：

第一，它并不是企业内部绩效要求也不是传统的SOP（标准作业程序）操作流程，它是站在客户的角度，理解客户的需要，主动提供最恰当的服务，给客户留下美好印象。在每个触点、每个细节下功夫，最终水滴石穿、聚沙成塔，使消费者形成了对企业、对品牌的信任和依赖。

第二，关键时刻既有正面的美好体验，也包括让客户介怀很久的负面体验，美好的关键时刻会带来客户对品牌的信赖，失败的关键时刻最终会让客户慢慢失望，最后客户流失，甚至在自媒体上传播负面评价。

比如，我接触过很多航空公司，给他们做过培训，一般航空公司在客户体验方面的痛点就是飞机晚点，记错航站楼或者不能提前选座位。有些航空公司在系统学习了关键时刻以后，开始对接触点进行改善。以深圳航空公司为例，他们在飞机开始降落时候会给客户发糖，让客户保持平静的心态；在给客户提供传统餐饮服务过程中，会准备一小勺辣酱让爱吃辣椒的乘客不再食之无味。列出与客户的接触点，一个一个地场景化和强化，整个客户体验会完全不一样。

对关键时刻的细节打造需要几代人的努力，但一个触点的小小疏忽可能将口碑毁掉，所以一定要重视客户和企业在任何一个微小层面发生的联系，这就是我们要学习和掌握的服务关键时刻。

确定关键时刻有三个要素：第一个元素"是谁"：简单描述一下目标客户；第二个元素"在什么状况下"：这个时刻越短越好，越精确越好。包括在哪，消费者看到什么，听

/ 微服务，心体验 /

到什么以及做了什么，等等，提供的具体细节越多越好；第三个元素："感受到什么"：消费者在那个时刻感受到"什么"，这个"什么"一定要写出来。这就是消费者给品牌的心智标签。

关键时刻设计可以帮助企业达到两个目的，一是"让客户记住你想让他记住的时刻"，吸引客户再来消费，促使客户进行口碑宣传。如发朋友圈和介绍给朋友。二是提高企业的资源利用效率，在客户最在意的关键时刻上投入，而不是所有时刻都投入一样的成本，反而让客户记不住。

二、传统零售行业的关键时刻

随着互联网的盛行，传统零售行业受到了前所未有的冲击。如何在互联网时代做好传统零售，找到零售行业的突破点，重视关键时刻是关键。只有让客户感受到好的服务体验才能吸引客户从而留住客户，否则在这个人人都能网购、处处都能实现场景化营销的时代，传统零售业将很难拥有一席之地。

传统零售行业与虚拟的线上平台最本质的不同在于：直面客人。因为直接接触客人，实体零售企业比线上的虚拟平台拥有更多的机会，如果让客人满意了、开心了，客人自然愿意买单。现在大部分传统零售行业感叹生意难做，往往是服务水平没有提升，客人在实体店里体验的服务连细致入微都算不上，更谈不上极致的服务体验。有的门店洗手间卫生都搞不好，有的门店服务态度还很恶劣，有的门店售后让人不满……这种基础服务都没有做好，还提什么给客人更优质的服务呢？其实，服务可提升的空间非常大，如何为客人提供更多、更超值、更舒心的服务，卖场要投入时间、精力和费用去做研究。把客人照顾好了，生意机会自然就有了。

传统的百货企业总是站在自己的角度去销售产品，认为产品只要卖出去了就行。然而现在是新商业时代，产品同质化严重，如果客户体验不好，客户一定会另选别家，无论是多么热门的品牌，如果不注重关键时刻的体验服务，那么被消费者抛弃是一定的。在客户时代，仅仅为客户提供一个产品或一项服务，显然已经无法满足客户需求了，客户需要的是一个整体性的体验。从20世纪90年代至今，我们亲历了商场从百货业态向综合业态的转型，再到现下各具特色的体验型商场大量涌现，购物中心为跟上时代的步伐在不断地转型，竞争也更加激烈。

案例

上门服务的细节决定口碑

有一家知名的母婴零售品牌，销售产品包括奶粉、

/ 微服务，心体验 /

衣服、玩具、早教用品等，它的目标群体大多数都是女性，并且孕妇和妈妈居多。在一次客户的交流活动上，一些妈妈们聚在一起聊天，其中一位妈妈讲到，有时正在给孩子哺乳，母婴用品店的快递人员送货上门，她只能匆忙地收拾好，然后再出去收快递，而且快递员基本都是男性，往往就会特别尴尬。这个"痛点"最后传到了老板的耳朵里。很快，该母婴用品公司就做了一个决定：之后送货上门一律由女性去服务，最大限度地避免尴尬情况的发生，让用户安心下单购买。

这样的一个小小的用户反馈，可能一般公司就忽略了，毕竟只是一位妈妈偶然间提起的想法而已。但是该零售品牌却从这个"小抱怨"中发现了"大问题"，这不是一个妈妈的问题，而是个普遍性的问题。所以，他们最终选择大费周章地去改变，只是因为"听说"了这样的一个需求。如此尊重客户需求的行为，必然也为自己的品牌带来了巨大的口碑效益。

所以，传统零售业的关键时刻就是把服务做细，零售就是做细节。如今人们都在谈回归零售本质，零售的本质不仅仅是贩卖商品，更是给客户在购买商品的时候提供超值的服务，创造愉悦的感受。以客户视角研究客户需要，通过互动活动吸引客户，通过服务细节体验留住客户，通过场景营造让客户沉浸其中，并欣然买单，细节按动了消费者的心动点。

案例

先服务后销售，试穿前的服务细节

某购物中心男鞋品牌店长宋大姐相貌平平，体型微胖、笑容亲切。她的楼层经理告诉我："这位宋大姐，在该品牌的重庆区域一直是销售冠军，最神奇的是，我们商场的男鞋大单都是她卖出的，非常厉害。"大姐有点害羞地说："其实他们都是我的老客户，所以才会信任我。"真有这么简单？楼层的助理补充说："老师，你有空可以去看看她家柜台，她一定是我们这层最忙碌的那个人。只要没有客人，她就埋头为老客人送过来的皮鞋做护理，甚至有的不是她家的鞋，她也愿意帮客人护理。"原来如此，坚持数年的护理服务赢得了老客户的信任，那么新客户又是如何被吸引，愿意买单的呢？

宋大姐给我分享了一个新客户的故事：有一天，一位年轻男士在隔壁品牌试了好几双皮鞋都不满意。宋大姐看在眼里，记在心里，她想，如果这位男士过来，我该如何和他攀谈，我应该给他推荐我家哪双鞋呢？等这位年轻男士真的走过来，她主动上前打招呼："帅哥，您好，我是某品牌金牌导购，您是想选一双皮鞋吧？""金牌导购？"男士有些好奇，停下脚步打量起这家品牌，宋大姐继续寒暄，"帅哥，我看您刚才很专心地在选鞋，您是有什么重要场合需要穿着吧？"这句话一下问到年轻男士的心坎，男士和她聊了起来。原来这位男士刚刚晋升，要去参加企业表彰会，他需要给自己买双正装鞋。看来，宋大姐刚才的观察和推测准确到位，宋大姐拿出自己的看家服务，她先请男士坐下，帮他简单打理下脚上的旧鞋，这样的服务谁能拒绝？于是，男士脱下旧鞋交给宋大姐，自己开始试穿各款新鞋。最后，根据男士的需求，宋大姐给他推荐了一双商务正装鞋，鸵鸟皮质，寓意大展宏图，步步高升，男士欣然接受，买下这双鞋。

如果没有宋大姐的仔细观察，怎能找到男士的心动点？如果没有她自信的自我介绍，怎能吸引客户留步？如果前面一家品牌已经提供过擦鞋服务，宋大姐也许也没有这样充裕的时间和这位男士交流。所以，不要小看这一个个关键细节，细微之处见真章，销售冠军成功的背后就是一个个的细节。

礼轻情意重，产品交付后的服务细节

女装销售冠军静茹也有她独特的服务小设计。凡是在她柜台购买女装的客人，如果因为缺码需要调货，她会记录好客户的信息，给客户发顺丰快递。在包装盒里，她会放上一些贴心的小礼物，有的是荷包香囊，可以放在衣柜里防止虫蛀；有的是她为客户制作的DIY项链，正好搭配客户购买的一袭长裙；有时候她会放茉莉花香的书签，让客户打开包装盒就能感受扑面而来的清香；有时候，她还会为外地的老客户送上本地的网红小零食，让客户品尝地方小吃。小小的心意，拉近了和客户的关系。静茹告诉我，她的客户打开包装盒，总能得到不一样的小礼物，甚至有的客户收到产品后，主动发朋友圈晒出她的小心意。和其他品牌图省事，直接发普通快递相比，静茹在产品交付的关键时刻让客户感受到意外的惊喜，也赢得了客户的信任。

在传统零售行业，客户对服务产生愉快的体验是一个过程，从进入店铺的那一刻起，"体验"就开始了。所有能触动客户感观、情感、思想、行为等方面的影响因素都需要纳入

"管理对象"，这些细节就是零售业的关键时刻。卖场既要通过环境心理学做好店铺装饰设计和产品摆放，创造和谐、舒适的购物氛围，还要通过导购的推荐让客户感受产品的细节设计，如果还能提供打动人心的服务，就更能促进客户下单。体验时代，客户已经不再只是为必需品买单，而是为美好的生活体验和念想买单。购物不仅是为了买东西，购物的过程也应该是一个愉快的过程，这期间，产品、人员服务、卖场环境、漂亮的陈列等都是提高购物感受和购物体验的愉快过程，怎么把更多愉快的成分注入客户的购物过程中，使买东西成为享受，这值得深入思考。传统的零售业不要单纯与线上商家比拼价格，因为成本存在差异，也因为实体店服务是附加值，把附加值不断提高，让客户感受到超值的性价比，这才是重要的。

零售行业服务过程有哪些关键时刻需要注意呢？以竞争最激烈的女装销售为例，从形象细节到行为细节再到沟通的话术细节，无一不是站在客户的角度，给客户带来尊崇的体验。

（1）客户进店前的关键时刻：3米关注，眼神注视客户三角区，目光友善、柔和，自然流露真诚；2米微笑，面部表情和蔼可亲，嘴角微微上翘。招呼语体现多元化，比如常规问候语：您好/女士（先生）您好，欢迎光临××品牌；特色问候语如：魅力女装××品牌欢迎您；非销问候语：老师，请进店歇歇喝口水吧；关注型问候语：（老客户要叫出客户的姓氏）

刘姐，好久不见，看您朋友圈，您是到三亚旅游了吧？这些特殊的招呼语，更能让客户心生喜悦，从而拉近彼此的距离。

（2）客户进店后的关键时刻：与客户保持适当距离，不要马上尾随，不要贴身介绍（保持0.5米距离）。贴身跟进，容易让客户产生排斥，同时观察客户脚步停留、眼神、触摸、翻标签、自己取衣等行为。

（3）客户店里随意逛逛的关键时刻：这时候需要非销破冰，不要急于推荐。可以赞美客户的发型、皮肤和着装，赞美源于观察，发自内心，避免为了赞美而赞美，让客户听了感到厌烦。

（4）客户询问产品的关键时刻：仔细聆听客户的需求，比如询问客户平时是穿休闲服多还是穿正装多？平时是喜欢素雅的衣服还是花色的？今天是想看看什么场合的服装等。从客户进店开始，3分钟内为客户搭配出第1套服装。

（5）客户同意试穿的关键时刻：为客户拿正确的款式和尺码，解开拉链/扣子（皮带），并取出吊牌，避免让客户穿着不舒适，提前进入试衣间，挂好样衣，摆好试衣鞋；在客户侧前方做手势引导并轻掩试衣间门退出。客户走出试衣间，主动迎上，整理上衣细节（从拉链、衣领），蹲下，整理裤腿，整理到最佳效果后，引领客户到镜子前，适当表达赞美，比如赞美客户年轻时尚：您穿这条裙子真的显年轻。别看它款式简单，颜色单一，但胜在蝴蝶结的巧妙设计，让您看上去典雅又不失活力，从背面看过去，完全是青春美少女。

（6）客户买单离开的关键时刻：告知客户商品售后处理方法，适时介绍特色服务。邀请客户一起检查商品，并引导客户查看关键部位，确保交付给客户的商品名称、型号、数量准确；确保交付给客户的商品无破损、无脏污。最后微笑礼送客户离开。

三、银行服务的关键时刻

随着经济发展，银行从之前靠自身的独特性竞争转变为"硬件竞争"。随着外资银行不断涌入，现在的银行已经开始了"服务竞争"。

很多银行的宣言和口号是：如果您对我们的服务感到满意，那么请告诉您的朋友；如果您对我们的服务感到不满意，那么请您告诉我。

客户的满意或不满意往往和关键时刻息息相关。事实也表明，客户接触某项新服务的第一印象是否良好，直接决定了他们是否选择这项服务。

客户需要的是便利、尊重和规范，银行必须在关键时刻让客户感受到这些。

随着时代发展，互联网和人工智能对金融行业产生了深远的影响，目前银行网点建设正在呈现轻型化、小型化、智能化的特征。中小银行持续推动"线上+线下""人工+智能"的融合一体服务模式，高效地响应客户需求和社会需求。

银行服务发生了巨大的变化，尤其从2001年我国加入世界贸易组织后，外资银行积极投身于发展壮大国内市场，促使国内的银行也大多完成了股改上市，银行之间竞争日趋激烈，越来越多的银行发现必须以客户为中心，提升服务意识，才能推动服务硬件和软件的一系列变革。

最初银行的服务是"有形、人工、单一"的柜面服务，渐渐发展成为"无形、自助、多元"的智能服务，实现了从"柜台"到"指尖"的变化。柜台服务阶段，银行普遍存在"脸难看、事难办、排长队"等问题。到了"指尖"服务时代，客户成了用户，智能客服代替了之前的面对面客服，"无人银行"代替了之前的排长队。但这些"无人"的背后，恰恰是"有人"服务在发挥着作用。金融科技快速发展，但也只能算作手段，其背后依然是靠金融科技的进步提升用户体验，这才是银行的最终目标。只有打造最佳用户体验的银行，才能在金融服务体验上与互联网公司比肩。可以预见，未来的银行机构在金融科技的支持下，除了技术能力得以大幅提升，客户服务理念也将得到重塑，并进一步推进战略转型。将有越来越多的银行机构意识到"金融科技的核心是技

/ 微服务，心体验 /

术，但本质是金融，目的是服务"。

中国银行业金融机构的竞争实际上是多层次的复合竞争，其中包括前台、后台、有形产品、硬件设施以及软性服务，缺一不可。而这些复合点，都可以构成客户与之接触的关键时刻。其中，银行人员服务对客户的体验尤为重要。相关数据显示，客户停止选择银行服务的原因如下：搬家占1%~3%；与其他金融机构建立了关系占5%；竞争者争取客户占9%；产品令人不满意占14%；银行整体服务不到位（效率不高、人员表现出漠不关心的态度）等占68%。

📁 案例

失败的关键时刻

2021年1月，深圳某银行网点一大早就涌入了很多办理业务的客户。因为是春节前最后一周的工作日，很多客户急着在节前办好业务。厅堂里的沙发上坐满了等候的客户，大家都注视着叫号的大屏幕，焦急地等待着。快1个小时过去了，1号柜台迟迟没有办理完业务。等待的客户有些着急了，其中一位中年男士忍不住靠近1号柜台，想瞅瞅前面的客户究竟在办理什么业务，为什么耽误这么久。刚刚靠近，柜台里站立的辅助办理的柜员立刻命令道："请退到一米线外，那边有座位，到那边坐着等。"这话刚说出口，马上引发了客户的反驳："你自己去看看，那边如果有座位，我还需要站在这里等吗？我们站了这么久，没人来关心，没人来解释，更没人来倒杯水，这就是你们宣传的优质服务？"此话一说，旁边的客户也附和道："就是，在××银行办理，人家还会提供糖果点心和茶水，你们一杯水都没人倒，还指责我们靠得太近。要不是因为你们网点离我家近，我才不会到你们这里来办理业务。"本来只是按规则提醒，但是因为等候时没关怀，语气不友善，最终引发了客户的投诉。

🔍 案例

糟糕的关键时刻

成都某银行网点周末仅开2个窗口对外办理业务，但其中一个还摆出"暂停办理"的牌子，20多分钟过去了，唯一一个正常办理业务的窗口叫号声一直没有响起，另一个暂停办理的窗口也没有员工归岗。人群中出现了躁动，其中一位老太太叫住了当班的保安："你们这个窗口的人呢？这么久都不出来，没看见厅堂都挤满人了吗？"可能是听到外面的吵闹，办公室里面走出来一位女同志，露出事不关己的冷漠表情，迈着慢吞吞的步伐，坐下来面无表情地拿开桌面上暂时离岗指示牌，没有说一句话，更没有给出离岗这么久的合理解释。看到她这样傲慢的态度，等候多时的客户更加生气了："你们大堂经理呢，这是什么态度，两个窗口只开一个，等了快30分钟一句道歉都没有，你们的投诉本呢，我要投诉你们。"慌乱之中，实习大堂经理说："我们有投诉电话，你可以致电×××。"很明显工作人员还是在推诿，这再次引起了客户的不满。吵闹中，有客户愤愤不平：这家银行厅堂倒是装修得更大气了，但是服务态度还是这么差，真是太糟糕了。

近10年来，银行自助服务变得快速便捷，网上银行周到贴心，硬件条件全面升级，但客户的抱怨并未减少。忙碌的业务办理，让厅堂员工无暇顾及客户的焦虑感受；日复一日重复的工作，消磨了厅堂员工对工作的热情。正是这样的漠视，给客户造成一次次的不良体验，最后成为客户投诉甚至流失的原因。当下银行竞争依然激烈，同质化的产品很多，提升客户体验，借助服务突围，是每一家银行发展的重中之重。

那么在厅堂服务里，如何才能做好关键时刻，让客户真正为服务细节折服，为服务体验买单呢？我们先来解读银行客户从寻找网点到最后业务办理结束，会经历哪些服务的触点（见图3-1）。

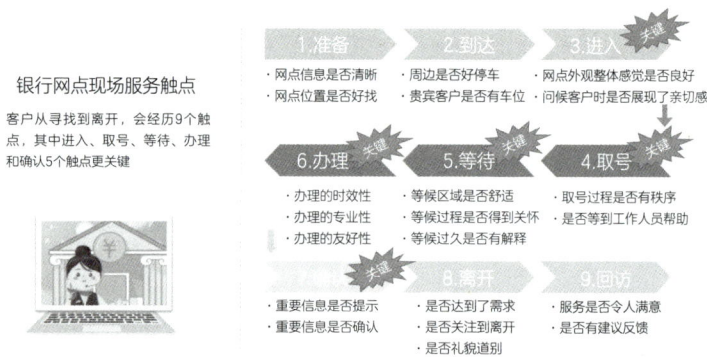

银行网点现场服务触点

客户从寻找到离开，会经历9个触点，其中进入、取号、等待、办理和确认5个触点更关键

1.准备	2.到达	3.进入 关键
·网点信息是否清晰 ·网点位置是否好找	·周边是否有停车 ·贵宾客户是否有车位	·网点外观整体感觉是否良好 ·问候客户时是否展现了亲切感
6.办理 关键	5.等待 关键	4.取号 关键
·办理的时效性 ·办理的专业性 ·办理的友好性	·等候区域是否舒适 ·等候过程是否得到关怀 ·等候过久是否有解释	·取号过程是否有秩序 ·是否得到工作人员帮助
7. 关键	8.离开	9.回访
·重要信息是否提示 ·重要信息是否确认	·是否达到了需求 ·是否关注到离开 ·是否礼貌道别	·服务是否令人满意 ·是否有建议反馈

图3-1 银行网点现场服务触点

（1）准备：网点信息是否清晰、网点位置是否好找、网点指引是否周到。

（2）到达：网点周边环境是否良好、周边是否容易停车、贵宾客户有无车位。

（3）进入：网点外观整体感觉是否良好、是否能够吸引客户进入、问候客户时是否展现了亲切感。

（4）取号：取号过程是否有秩序、工作人员是否提供帮助。

（5）等待：等候区域是否舒适，等候过程中有无工作人员的关注、主动的服务和互动，是否有Wi-Fi覆盖。

（6）办理：业务办理时是否有时效性、办理过程中是否态度友好。

（7）确认：明确到网点的需求、哪些业务可以电子化办理、办理业务是否急迫。

（8）离开：是否满足了客户需求、客户是否需要进一步关注、是否与客户礼貌道别。

（9）回访：有无后续服务跟进、是否执行忠诚积分计划。

在以上触点中，进入、取号、等待、办理及确认，是最重要的5个关键时刻。如果能在这5个触点做好服务，客户就会对银行的服务感受满意，这也将直接决定他们后续是否继续选择这家银行办理业务。以第3个触点进入为例，现在银行的标准服务是问候："您好，请问您要办理什么业务"，大部分客户会直接回答要办理的业务，接下来就是引领其取号，坐下等候。我们知道细节管理是"ABC"的管理，我们对外表、行为、沟通的管理，会给客户留下深刻的第一形象，那么我们如何针对不同的客户群体，在客户进入这个环节时给其留下好印象呢？

"一把椅子一杯茶"——客户进入厅堂的细节设计

2019年的一天早晨，民生银行广州某支行的大堂经理小林给我发来一张截图，兴奋地和我分享：老师，您看，我们就做了一点点改变，客户就为我们的服务点赞，还发了一个朋友圈。朋友圈的图片是我们的大厅门口，配文是：早安，原来美好如此简单。是什么样的服务，得到客户如此夸赞呢？

小林说以前厅堂开门营业前，总是有不少客户焦急地等在门口，他们站在门外从门缝往里望，时刻准备着，门一开就冲到厅堂里面抢最早的号，甚至常常发生一些不必要的争吵。看到这样的场景，银行的工作人员就想，能不能让大家在外等候的时候也拥有一份好心情呢？于是，早到的同事把厅堂的茶水车摆放到门口，提前泡好夏日清凉茶，并摆上了几把椅子，让早到的客户可以坐下来等候。说来也神奇，一把椅子一杯茶，真的让焦急的客户安静下来。大家在门口喝茶，甚至还聊着天，这一幕被路过的客户看到了，觉得只看到过饭店在店外摆茶点，没想到银行也这样，所以他发了朋友圈夸赞银行的贴心服务。

案例

一片暖手宝温暖身心——办理环节的细节体验设计

　　大雪纷飞的早上，民生银行沈阳某支行的员工，在门口欢迎客户到来的同时，用一把软毛小掸子，为客户轻拂头上和衣服上的雪花，避免客户的衣裳被雪花浸湿。小小的举动，给了客户一个惊喜，客户纷纷连声感谢。在客户填写表单时，冻得哈气搓手，员工赶紧为客户送上一片发热暖手宝，让客户可以温暖双手。客户离开也不用归还，暖手宝带回家就是把民生银行的温暖带回家。一次性的暖手宝价格不过几元，但是温暖的体验却是无价的。

　　每一位客人都会去观察和体会银行服务的每一个细节。关键时刻处理得好坏直接影响客户对银行的满意度与忠诚度。

案例

厅堂服务的闭环服务体验设计

　　某银行在服务设计上做得非常用心，他们培训内部员工，客户进门必须有"导引服务"，无论是熟客还是新客，都要主动迎上去打招呼，让客户进门就能感受到被关注。无论是自助服务机还是窗口都配有专门的巡视人员，只要看到客户有需要，第一时间就会指导客户怎么操作。在办理业务结束后，员工会给客户一个写有银行固定客服电话、网银操作方法、大客户经理联系电话、微银操作方法、短信平台操作方法等一系列"在线服务"的手册，让客户免去后顾之忧。最重要的是，银行规定员工无论何时都要"微笑服务。"此外，该银行在硬件投入上也非常用心，不但空调温度适宜，大厅环境整洁优美，还配备了舒适的座椅，提供冷热水都有的饮水机及一次性纸杯。该银行通过上述努力提升了整个服务团队的服务状态。他们的服务理念是一线员工直面客户，中基层管理者服务一线，高层管理者服务中基层，如此形成了一个服务闭环，打造了人性化的服务体系，赢得了客户的一致好评，也因此年年业绩都排在同类银行的前三位。

银行服务的关键时刻是可以测量、管理和控制的，所要做的就是超越客人的期望。装修不一定要气派，但一定要舒适得体；设备不一定要齐全，但一定要能用；资料不一定要丰富，一定要方便使用；人员配备不一定要多，但一定要懂得时

／微服务，心体验／

刻微笑服务。客户满意度就是由一个个关键时刻积累而成的。

四、酒店服务的关键时刻

酒店行业竞争也非常激烈。目前，酒店行业呈现资本化、品牌化、连锁集团化的竞争格局，特别是中低端的经济型酒店，面临不断洗牌。酒店发展的速度连年降低，赢利能力持续下滑。

从事酒店行业既要懂定位，又要懂产品研发；既要懂人性，又要会管理和服务，只有这样才能在竞争激烈的状态下不被淘汰。服务设计做得好，无形中会提升竞争力，而服务的关键时刻是酒店的重中之重。服务做得好，才能够提升客户的满意度和忠诚度，这是各服务行业公认的真理。

酒店以提高客户忠诚度为目标，希望通过忠诚客户的多次光顾及口碑传播吸引更多的旅客。随着自媒体的发展、网上订购平台越来越便捷，很多旅客都是参考网评来筛选酒店的，并且通过线上平台下订单，因此，OTA（在线旅行社）客户的体验感受，对于酒店的口碑打造非常重要。

在线旅行社的客户分两种，一类是家庭出游者，一类是商务旅客。下面我们就商务旅客的关键时刻分析他们的体验之旅。

在线旅行社的商务旅客对于酒店来说，是非常重要的服务人群，他们行色匆匆，大多没有时间享受酒店配套的娱乐设施。他们可能很晚入住，很早离开，从前台登记到房间入住再到退房，有3个关键触点让客户感受酒店的服务品质，那么针对他们快速入住、离开，房间安静的需求，酒店如何设计出让商务旅客暖心的服务细节呢？

案 例

快速入住的房间安排

海口某酒店，因为靠近机场，所以很多商务旅客会选择他们的酒店做短暂的停留。他们往往落地很晚，深夜才入住，第二天一早赶早班机。然而，旅客从登记处走到走廊尽头需要7～8分钟，有时候，需要走5分钟的路程再乘坐电梯上楼。每当深夜旅客到来，拎着行李要走很远，虽然有行李员护送，但是也能常常听到疲惫的旅客的抱怨。于是，酒店员工开始留意房间的安排，每晚提前预留好靠近出口的房间，也尽量不安排在2楼以上的房间。当旅客在前台登记时，酒店员工还会特别叮嘱：先生，考虑到明天您是早班机离开，我们特意给您安排了离大堂最近的房间。窗户外是酒店花园，也很安静，祝您好梦，也祝您明天一路平安。这样的房间入住安排，得到了客户的表扬："谢谢，想得真是周到，我

/微服务，心体验/

确实不喜欢远的房间，太不方便了，你们真细心。"

一辆小推车让退房更轻松

　　某经济连锁酒店设在北京大兴机场内，入住的旅客也多是商务旅客。旅客的行李多、箱子沉，要拖过长长的巷道才能走到房间。巷道铺着厚厚的地毯，行李箱的滑轮也失去了作用，女士会感到非常吃力。大堂经理看到了这样的场景，于是，特别在前台服务中增加了一个细节设计：第一，提供行李推车给旅客；第二，请旅客在前台登记明天离开的时间，酒店工作人员根据旅客离开的时间提前把推车放在房间外面，确保旅客可以轻松退房。就这两个小小的服务设计，让很多旅客在携程平台上给酒店留言，好评如潮。

离店时赠送的加热矿泉水

　　2022年2月，我再次来到合肥，入住了开发新区的亚朵酒店，这次故地重游，是因为2018年我曾为它主动发过两次朋友圈。那次住店的惊喜，几年后都让我记忆犹新。再次来到这家酒店，当初的惊喜已经变成理所当然。这对酒店来说也是难点，酒店服务需要不断推陈出新。退房的时候，亚朵都会送小小的礼物，比如眼罩、矿泉水。这次前台员工也是主动对我说："李女士，我们送您一瓶水，您可以带着路上喝。"我想都没想，就直接拒绝了："谢谢，我不需要，我等会到了机场也得扔掉。"小伙子赶紧说明，"李女士，外面天冷，我们特意把矿泉水加热了，您可以带在路上喝。""加热的，那好吧，你给我吧。"收下这瓶加热的矿泉水，我对亚朵的好感又增加不少。这就是酒店最重要的关键时刻，每个客户都会经历退房环节，购买一个冷热冰箱，在寒冷的冬天，特别是降温的季节，在离店时刻设计一个小小的服务环节，可以给客户送上一点温暖，让客户留下深刻的印象。

酒店把握关键时刻要考虑的因素很多，但一定要结合自己酒店的文化定位、市场定位和目标客户来设计，多站在客户角度思考，从而不断超越客户的期望。事实上，无论我们如何定位一家酒店，定位其服务，目的都在于更加准确、有效地满足某一客户群体的显性需求，或引导他们的潜在需求。

/微服务，心体验/

酒店服务中有一个"八思"卡，每位员工都应该把这个卡带在身上，随时检查自己的服务是否用心。善于思考，才能做好细节服务，从而把握好每一个关键时刻。

第一个思考：来酒店的客人需要什么？

如果一家酒店能够时刻思考客人需要什么，时刻想着客人的需求，那么就会有意识地去满足客人的需求。让客人的需求得到满足是赢得人心的第一步。

第二个思考：我能帮客人解决哪些问题？

酒店服务做得好，大部分都是替客户解决问题解决得好。比如不让客人等，不给客人添麻烦，能够主动帮客人排忧解难。如果酒店员工能够站在客人角度思考，那他就能随时随地为客人提供高品质的服务。

第三个思考：我如何做才能让客人惊喜，说一声"哇，你们还能这样？"

前面的章节我们讲过客户需要被感动、被尊崇，只有在服务体验中收获惊喜，他们才会记住这个被感动的瞬间。企业从管理者到一线员工都应该思考"怎样做才能让客人惊喜和感动"。

第四个思考：我怎样才能做得更好？

服务无止境，没有最好只有更好。每个员工经常问自己"我怎样才能做得更好"是一种精益求精的体现。进步来自不断反省和超越。

第五个思考：怎样做才能让客人记住我？

很多企业都宣传一个口号"宾至如归"，而大部分仅仅就是个口号而已。如果酒店能把客人当成家人，那么客人来到酒店就会感到很放松，也很温暖。但在大部分客人的眼里，酒店的服务员就只是服务员，而不是像家人一样和蔼可亲。如果客人能够记住酒店的某个员工，一定是这个员工的服务让他感到温暖且记忆深刻。所以，一定要要求员工多思考"怎样做才能让客人记住我"。客人记住你，证明你的服务做得出色，给了客人不一样的体验。

第六个思考：我今天记住、留住了多少客人？

如果让客人记住考验的是员工的服务水平，那么记住客人则是考验员工的用心程度。员工能记住的客人往往是具有个性特征的客人，记住这些客人意味着观察到这些客人的习惯、爱好甚至姓名等。留住多少个客人体现的是整个酒店的管理水平。如果员工可以留住客人，说明员工具备大局观和主人翁意识。

第七个思考：我今天的服务是否能体现企业的文化？

好的企业都有自己的服务理念和文化特色，员工如果在服务的时候体现出企业的文化和理念，并且做好企业文化传播，那么自然能够做好服务。

╱ 微服务，心体验 ╱

第八个思考：我今天在岗位上都有哪些新思考？

无论当下服务做得多好，都可以做得更好，而做得更好建立在不断思考和创新上面。企业的服务意识在不断提升，服务的方式也在不断趋同，唯有不断思考才能做出个性化的、有特色的服务。企业要制定管理机制，鼓励员工去创新、去思考。

第二节
"五感"体验印象好
* * *

一、视觉的细节

人类有视觉、听觉、触觉、嗅觉、味觉5种不同的感官。研究调查指出，在五感之中，人体感官感受的深刻程度依次是：视觉（37%）＞嗅觉（23%）＞听觉（20%）＞味觉（15%）＞触觉（5%），当不同的感官被调动起来，或感官之间形成交织，就能够使人们对同一件事物产生全新的感受。感受不同，体验到的服务也不同。

好的服务需要在细节上下功夫，从而照顾到客户的感受。因为打造客户体验就是创造一种感觉，这种感觉是舒服还是糟糕，决定了客户体验的优劣。这些感觉包括视觉、听觉、触觉、味觉和嗅觉。

我们先来看"五感"中视觉的细节。

有研究表明，人类大脑处理视觉内容的速度比文字内容快6万倍，视觉内容能在更短时间内获得关注，产生极大的影响力。比如，我们走进某个商场或餐厅，整体的装修风格、颜色的搭配以及物品陈列的状态，都是可视化的体验。在如今"颜值至上"的经济时代，各类高颜值餐厅持续走红，越新鲜的视觉形式越能够快速吸引消费者的眼球。好的空间设计、陈列方式和颜色搭配，不仅让客人赏心悦目，获得独特的视觉体验，还能让客人沉浸其中，流连忘返，从而自然而然地带动销售。

🔍 案例

彩色导向条增强患者服务体验感

在韩国的医院里，为了做空间指引，地面上会标注带有颜色的线条，一般用蓝色、红色、黄色等。病人可以沿着不同颜色的线条，找到不同的就医和检查场所。这些线条简约、直观而且有趣，使原本冷冰冰，散发着药水味的医院在视觉上变得温暖、轻松起来。当病人询问路线的时候，医护人员可以通过不同颜色的线条，为病人进行亲切地指引，在帮助病人的同时，还能让病人感受到医护人员的服务态度十分友好，从而传递出医院

/ 微服务，心体验 /

的服务品质和服务理念。几个简单的线条，几个醒目的颜色，既帮助了病人，又传递了服务品质。这就是一个很好的在视觉元素上下功夫，改善服务体验的案例。

这个案例中彩色导向条的运用起到了很好的情绪调节的作用，改变了以往陈旧的、令人不舒服的视觉体验。

🔍 案例

改变体检中的常规做法让患者不再尴尬

大家都有过去医院做体检的经历。在尿常规的检查里，最令人感觉尴尬的就是患者拿着自己的尿液穿过长长的走廊送到标本盒子里，大家可以想象，当其他人去洗手间的时候，发现旁边摆着一排别人的尿液，尿液杯子上还贴着不同患者的名字，这个场景无论从视觉上还是嗅觉上都是很有冲击力的。某医院发现了这一痛点并做了改变，把尿液标本盒设计成了具有自动覆盖功能带隐藏性的样子，每个标本盒子里只能放一个患者的尿液标本，然后自动传输进检验室，后面的患者看不到前面患者的尿液。这样避免患者的尴尬，不但提升了患者的体验，也提升了卫生标准。

企业的竞争不仅体现在产品和价格上，更体现在细节上，而视觉的细节是五感中的首要细节。以餐饮行业为例，之前的竞争在于价格，现在的竞争已经上升为菜品、服务和环境的综合竞争。如果两家差不多的餐厅，大部分人会选择看着更干净、漂亮的，并且愿意为装修设计花更多钱的餐厅。餐厅要想达到好的视觉效果，需要从灯光、颜色、橱窗、陈列、员工服饰等整体视觉进行考虑。

　　客户体验五要素，视觉的比重占到37%，而且越来越和业务、交互、体验融为一体。

　　很多餐饮企业的员工制服是黑色或深色的。为什么？因为深色耐脏，即便真的脏了，客人也看不出不干净。但是，这是从企业自己的角度出发考虑问题，为了自己的方便，而没有考虑客人的感受。如果服务人员的着装是清一色整齐、干净的白色制服，客人会是什么感觉？一定会觉得这家店特别干净、卫生。

　　有很多视觉理论将颜色与情感联系起来。色彩能给我们带来不同的情绪变化。暖色能带来温暖感，感情表现上比较积极主动、热情向上。冷色则表达沉静、阴冷的感觉，相对来说比较消极。有很多因素影响着人们对颜色的喜爱，如社会背景、年龄、知识与经验、心理需求、民俗环境、功用、情绪与修养、流行色等。

　　　　　　　　　　　　　　/ 微服务，心体验 /

无论是体现兴奋还是忧郁，欢快还是平静，轻松还是沉重，人们都能从色彩中取得共鸣。所以，要特别注重视觉的细节。

有一家服务机构想给客户打造特别的体验，于是把卫生间设计成了地面鱼缸，每次客户推门进去的时候都不敢迈脚，生怕惊扰和踩坏了地面上正在游动的鱼。这个设计推出一年就收到了很多投诉。由此可见，别出心裁是好的，但一定要研究客户感受，让他们在视觉上觉得舒服。

法国有一家"黑暗餐厅"，每个进去用餐的客人都会暂时"失明"，眼前的一切都处在漆黑当中。黑暗餐厅位于巴黎蓬皮杜艺术中心广场对面的小街上。老板介绍，开这样一家餐馆的目的是想强调人的嗅觉和味觉，防止视觉妨碍人们对盘中美食的评价。很多体验过的客户都觉得像坐过山车带来的刺激一样，很新奇很有趣。

目前有不少商业场所也开始在灯光上下功夫，通过灯光来营造视觉效果。例如，为了营造气氛，让人们产生浪漫的感觉，夜总会和酒吧的灯光总是很昏暗；卖珠宝的地方灯光总是特别明亮；餐厅的灯光总是散发着暖暖的橘色。这些场所之所以选用不同的灯光亮度，是因为它们希望营造视觉上的不同感觉，传达给客户不同的情感体验，这就是把握视觉的细节。

除了餐饮业和零售业，银行也要在客户视觉体验方面下功夫。随着移动互联网技术的不断发展，越来越多的客户更喜欢通过网上银行、手机银行以及社交媒体等自助渠道办理业务。因此，到网点办业务的客户会不断减少，尤其是中高端客户的造访率更是不断下降。那么，如何保持网点的竞争优势，就成为每个一线同事都要深入思考的问题。尽管银行网点在一代转型中便进行了视觉识别（VI）的打造，统一了银行视觉形象。但整体来说，大部分网点环境依然停留在规范标准的层面，给大多数人留下的也是刻板、严肃甚至于较为冷漠的印象。在如今推崇"体验经济"的时代背景下，如何通过网点改进提升客户体验，对于网点发展至关重要，网点也应该更多地参考零售业的做法，通过完善视觉体验，吸引客户进入、停留并享受其中，打造美好的情感价值，进而促进产品的推广和服务的传递。

2013年国内首家体验式银行的亮相，也恰恰反映了未来银行网点形象提升改进的趋势。借助明亮、丰富和温馨的色彩设计，对客户产生视觉化刺激，可以有效提升客户的关注度和参与度。

视觉的细节像是一种无声的语言，架起了消费者与商业空间之间沟通的桥梁，给商业空间注入了生命，同时在消费者体验的过程中更加体现了人本身的重要性，更是"以人为本"设计思想的体现。

二、听觉的细节

人们在感受环境时，除了大部分的视觉体验，听觉体验也很关键。试想，当我们走到一个商业场所，听到噪声不断、服务人员闲聊……这样的服务肯定是不能令人满意的。谁都喜欢听到美好的声音。因此，在日常管理中，服务要重点做些听觉的设计和把控。

声音对环境气氛影响非常大，如果我们进入一家咖啡馆或图书馆，听着吵闹的声音一定会非常反感，不但享受不到品咖啡的乐趣和阅读的舒适氛围，还会产生进错了地方的感觉。在大型超市里播放明快的背景音乐，可以更好地激发客人的购买冲动。

🔍 **案 例**

藏在商场里的"大型音乐盒"

去过K11购物中心的人都有过此种体会，那里的音乐设计堪称听觉享受。K11购物中心在每个楼层都安装了背景音乐系统。一楼是国际品牌，客人听到的是古典音乐；二楼有很多年轻人，播放的是流行音乐；三楼、四楼是餐饮楼层，播放的是有助于你胃口大开的音乐。此外，K11购物中心在一楼有个很大的中庭广场，客人听到的是大自然的声音，包括鸟叫声、风和水的声音。

K11购物中心的品牌理念是："K11购物中心是一个艺术游乐场，文化、娱乐、购物和生活围绕艺术发展。"这是思想、趋势和生活方式相互碰撞形成新思想和新灵感的地方。

这就是听觉的细节设计产生的魅力。同时，K11购物中心集齐了"五感"中的所有细节，远不止听觉这么简单。K11购物中心并不是一个普通意义上的购物中心，因为在这里除了购物，人们能做的事情还有很多。比如你可以直接去地下三层的艺术空间欣赏一场当代艺术展；去地下二层的ABC Cooking学习烘焙；上一堂素描课或是陶艺课，偶然也能碰到创意市集兜售有趣的装饰品；移步楼上就能碰到乐队演出，虽然这支乐队或许并不知名；如果去四楼的餐厅等位，还能玩上一把桌上足球……巴黎马蒙丹·莫奈美术馆馆长第一眼见到K11购物中心时，便使用"当代空间"来形容它。

听觉在零售商业领域具有独特的魅力。举一个身边常见的例子：

我们都有过拨打客服电话的经历，听筒里传来的待机语音不但给人不同的听觉体验，也会直接反映出这家公司是否做到以客户为中心。比如，接通电话时一直播放音乐让客户陷入

/微服务，心体验/

漫长的等待，如果再遇上播放的音乐特别让人心烦，那么拨打电话的人一定会选择挂断。还有更过分的直接播放广告，令人生厌。这样就会给客户带来非常不好的体验。

比这些稍微智能一些的，会播放一套程序化等待系统录音，如"××请拨1，××请拨2，××请拨#号键，××请拨*号键"等。客户拨了好半天，最后却是"如果没有找到您要的服务，请挂机，并对我们的服务给出评价。非常满意请按1，不满意请按2。"相信这样的提示系统往往会让客户的体验大打折扣。最好的电子客服应该设置人工服务选项，省去客户按照语音进行烦琐的操作，客户体验也会提升。

好的待机系统是值得让客户听下去的，并且往往会提前告诉客户目前客服席忙，需要等待多长时间，把选择权交给客户。当然这其间也要注意，不能让客户一直等待，客户会觉得自己被遗忘了，要在这个等待的空档播放一些娱乐性内容，缓解客户等待的烦躁情绪。

这些听觉方面的细节不得不引起重视。有研究者特意调查了声音如何影响客户行为。他们在一家餐厅里研究发现，音乐的节奏和客人停留时间成正比，节奏越慢，他们坐的时间越久；节奏越快，他们停留的时间越短。也有物业管理公司研究了声音对于业主的影响，对听觉体验进行了设计。比如在上下班高峰期小区播放轻音乐，给人以"宾至如归"的舒适享受；物业加强装修管理，减少噪声避免影响业主的休息；对地库污水泵等设备做减震处理，减少对一楼住户的影响等。凡是涉及听觉影响业主感受的地方，都可以有意识地进行设计管理，从而让业主感受无微不至的贴心关怀。

同样的，现在银行业也在积极营造一种"慢氛围"，通过播放舒缓而宁神的背景音乐，让每一个到银行的客户都能放下压力，与态度从容、语气温婉的客户经理进行交流。在这样和谐的谈话氛围中，客户会更主动地向客户经理透露更多的信息，从而让客户经理尽可能多地了解客户的潜在需求，提供适合客户的产品和服务。

听觉是五感里面唯一一个消费者可以自动屏蔽的感官，比如人在专心看东西时，会自动屏蔽声音。但声音跟视觉结合的时候，就会产生强印记。

三、 触觉的细节

触觉是皮肤与物体等接触时所产生的感觉，它能够给人带来最直观的感受和体验。事实上，那些最富感召力的体验，大部分都源于触觉。比如捧着一碗热汤时，隔着陶瓷碗传来的温度；摘一朵花时，植物茎上浅浅的绒毛扎痛手指；拥抱时，脖颈上感受到对方的鼻息。

触觉是五感中除视觉和听觉外对体验有较大影响的感

　　　　　/ 微服务，心体验 /

官。良好的触觉感受能够提升人的舒适度、愉悦度、好感度，降低防备并拉近距离，有助于人们形成主观感受并留下积极的触碰印象。

以前去外资银行网点做培训，发现这些外资银行在把握客户触感体验方面做得很好。比如，他们在网点摆放宽敞舒适的真皮沙发，采用厚实又松软的全地毯铺设，桌上摆放着银质的签字笔。此外，网点的每一个角落、各种桌椅摆设、绿色植物等，都会由驻点清洁阿姨全天细心维护。冬季时网点保持在25℃。人们从外界感受到的温暖能够刺激体内的"情感温度"，人的大脑会产生更加积极的情绪。这些细节的安排都能体现出银行网点为客户积极创造良好感知场所的用心。

改善网点的触觉设计，积极为客户营造温馨、美好的网点氛围，让客户有家一般的感觉，可以增加客户特别是价值客户的造访机会，愿意停留并享受这种氛围，让客户能够真正爱上"逛银行"。银行服务不再刻板、严肃和冷漠，而是贴近生活和人性化，这应该成为现今银行网点转型所努力的方向之一。总之一句话，感觉舒服了才是真的好！

经常出差住酒店，尤其能够体会到触觉感受是非常重要的体验。比如，为客户着想的酒店，会在枕头上下功夫，提供多种材质和形状的枕头供客人挑选，帮助客人在夜间获得更优质的睡眠。尤其对于那些有睡眠障碍的客户来说，如果遇到这样的酒店，服务体验一下就会提升许多。

在国外有一家中档休闲餐厅，为顾客打造了独特的用餐体验，就是以触觉体验为主。餐厅为每一组用餐者提供一个相对独立的区域，用从天花板垂到地板上的雪纺窗帘将不同区域隔开。各个区域里摆放着足够多的坐垫和低矮的餐桌，就餐者可以席地而坐，并且需要脱掉鞋子，让脚直接接触地板上柔软的坐垫，在这个相对独立的空间里感受到自在与放松。

有位设计大师给民宿做设计，门前以大小各异、光滑圆润的鹅卵石铺路，让人忍不住想要脱下鞋袜踩上去……人的脚底是一个非常灵敏的"接收器"，这源于我们祖先的生活需要。我们祖先通过脚底来感知周遭环境。比如通过地面的细微震动，便可辨别危险以选择狩猎或躲避。于是，聪明的商家设计"脚底触感"的元素，让人重温这份脚底感知的"野趣"，其效果自然比单纯的介绍要有效得多。

此外，我们还可以想一个问题，就是店里的温度。因为温度也是触觉感官上一个很重要的呈现方式。

比如，冬天单元门、入户门的门把手冰冷，可以给门把手"穿衣服"，让业主归家后触及的是毛茸茸的温暖；小区里的散步小道上可以铺设一些光滑、圆润的鹅卵石，让业主可以光脚走路、按摩放松；食堂可以把高温消毒过的筷子放在保

/ 微服务，心体验 /

温箱里，客户拿筷子时，筷子是有温度的，而不是仅仅写着"已高温消毒"。这些都是触觉方面的细节设计。

总之，一个好的触觉环境，不仅能让客人触摸到好的产品，还能感受到精心布置的环境所带来的触觉体验。好的触觉体验会让人更加舒适，更加心安。

四、味觉的细节

味道有酸、甜、苦、辣、咸、鲜6种。注重味觉也是服务设计方面的重点。现在不少企业都在追求"味蕾经济学"，比如奶茶店推出的各种口味的果茶为消费者提供了优质的味觉体验，这使得奶茶店发展得如火如荼。当代人喝奶茶，喝的并不单纯是味蕾的刺激，更重要的是喝完之后唇齿间留有的茶香，让奶茶爱好者欲罢不能。

想要占据消费者的心，先要影响他们的味觉体验。就像近期网络上流行这样一段话：

1000元的巧克力可以买，超市打折的临期食品也爱；会排队买网红美食，也愿意吃路边摊卖的臭豆腐；穿着30元的背心去买100元的限量款奶茶；早上喝的是醒神消肿的冰美式，下午喝的是传统养生的西湖龙井茶，晚上喝的是海伦司的热情桑巴……

此外，旅客也会因为品尝过酒店某个招牌菜或甜品的记忆，回想起入住酒店的愉快经历，并把对酒店美味的认可转化为对酒店品牌的依赖和信任。

这充分说明，现在消费者不但追求品质生活，在品味上的消费也不将就。无论是高端食材还是路边摊，他们在意的不是价格，而是味觉体验。

案例

五感营销化解客户抱怨

有位年近60岁的男性客户每次一到银行网点就向工作人员抱怨银行产品的回报率低，嚷着要把账上的200万元转走。但工作人员每次都会为他冲上一杯银行特有品牌的咖啡，这位客户喝完后都会说："我就是特别喜欢你们家的咖啡。"最后心满意足地离开，把要转账的事情抛到脑后了。除了特制的咖啡，网点还为贵宾客户提供了某品牌的巧克力，这点特别吸引女性客户。有时候遇上哪位女性客户心情不好，只要递上一颗巧克力，客户吃完，心情顿时好了几分，沟通起来也更顺畅。所以，有的时候客户的感性体验胜过理性分析。

商家要在设计味觉体验前进行一些思考，从而更有针对性地解决味觉体验的细节。比如：

气味和味道是最难被标准化描述的，如何在实际运用中被更多人识别？

如何将品牌的"香味标签"传递给未体验过的消费者呢？

未体验过的消费者如何能够将"香味"和"味道"与品牌挂钩呢？

以味觉为先导，以体验为核心，最终达到两个目的：一是增加客户数量，从而增加销售量；二是增加消费频次，在客户数量无法增加的情况下，吸引客户增加消费频次，形成重复性消费。

当然，味觉营销要把味道放对地方才会吸引人，给人良好的体验。如果在飞机餐发放的时候，飞机内散发出一股饭菜的味道，对于那些不想吃饭的乘客，体验就算不上良好，可能还会觉得难熬。如果要提升客户体验，我们可以从直接影响乘客"五感"的要素入手，越是直接与乘客接触的五感要素，越是能够直接影响到乘客的体验。

五、嗅觉的细节

《感官之旅：感知的诗学》的作者黛安·艾克曼说过："触动嗅觉的防线，记忆就会瞬间爆发。"所以，提升客户的嗅觉体验，能让他们在舒适、熟悉的场景中保持精神愉悦。

比如，新加坡嘉华影院安装了散发香味的电子装置，影片《查理和巧克力工厂》放映时，放映厅内弥漫着浓郁的巧克力香气。其结果是多数观众选择到嘉华影院来观看这部电影。由此可见，味觉细节做得好，公司能够很大程度上突破传统服务或营销的瓶颈，找到新的吸引消费者的点，使自身脱颖而出，获得青睐。

再比如，英国航空定期在航班头等舱喷洒独特的牧草芳香剂。英国高档衬衫零售商，托马斯彼克在店铺中放置传味器。当消费者经过时，会散发一种新鲜的、经过清洗的棉花味道。这种嗅觉享受让消费者迅速有了价值联想。法国的一家旅行社，在负责办理北美洲旅游的柜台前，使用的是带有可乐果香味的香氛；在办理去太平洋群岛波利尼西亚的柜台前，使用的是带有香草味的香氛。凡此种种，不胜枚举。

人总是希望闻到令人舒适、快乐的香味，所以在一些服务场景中商家会特地运用香味，减少和控制异味的产生。比如，酒店可以在一些特殊场所如电梯、洗手间、前台等处喷些淡淡的香水给人以舒适感；种植一些常见的、带有香味的植物，令客户心旷神怡；员工上班时可以喷些淡淡的香水，会让客户产生愉悦感。

嗅觉给人们留下的记忆是最长久的，在间隔一段时间后，人们依然可以依靠气味想起某种事物、某种场景。这有助

/ 微服务，心体验 /

于品牌的建立和强化。

在人类的所有感官中，嗅觉是最敏感的，也是与记忆和情感联系最密切的感官。嗅觉是一种凭直觉反应的感觉，不像视觉与听觉，需要借助大脑理解与分析信息。

密歇根大学感官实验室的阿莱德哈娜·科瑞斯纳与新加坡南洋理工大学的梅·伦，罗格斯大学的莫琳·莫里教授做过一个嗅觉方面的实验。三人发现，让铅笔浸染上茶树油的气味，竟使得被试者对铅笔的品牌和其他细节的记忆大为提升，记忆持续时间也更长：两周后，拿到无气味铅笔的受试者，能够回忆起的信息只有27%；而拿到带有茶树油气味铅笔的受试者，只忘记了8%。

嗅觉也更具情感吸引力，因为人们的嗅觉直接连通人类大脑中情绪和情感的发源地——右脑边缘系统。

很多星级酒店也善于利用嗅觉营销。酒店在大堂里散发不同的气味，增强住客的体验，并产生嗅觉识别，以此潜移默化地营造出一种记忆，使人们但凡闻到这种气味，就会想起他曾经入住酒店的愉快经历。其中著名的案例为法国的凡登凯悦花园酒店。2002年，酒店在对其标识气味进行规划时，调香师决定用"广藿香"的气味，因为这种味道浓香，被认为与酒店的红褐色调、种种奢华细节最为相配；此外，调香师还加入了柑橘和自然凉木提取物等其他气味。最终，这种气味被描述为

"新鲜水泥浇灌在生橡木上，加上些许新鲜肉桂的生面饼，具有富贵的厚黄褐色丝绸质感的气味"。

品牌营销大师马丁·林斯特龙（Martin Lindstrom）曾研究并指出："人的情绪75%由嗅觉产生。人对照片的记忆，在3个月后只剩下50%，但回忆气味的准确度高达65%。"

有一个经典的案例：在过去，劳斯莱斯新车内部空间充斥着"木质、皮革、亚麻和羊毛"的混合味道，消费者把这种气味当作新车的标志之一，后来技术进步，新材料取代了旧材料，独特的气味继而消失。劳斯莱斯为此收到客户的抱怨，认为新系列不如上一代好，而实际上，唯一的区别就在于气味的不同。可见气味带给消费者很大的品牌依赖。

据研究，嗅觉给人带来的印象在记忆中保存的时间是最久的，气味能唤起人们深藏记忆深处的情感。很多高档酒店、奢侈品店、航空舱位、4S店、大型超市都成功地运用嗅觉营销为客户打造独一无二的情感体验，而银行也跟随零售服务业的步伐开始创新。

法国农业银行所有分行都有忍冬花的香味，这种独特的香味很容易使人联想到乡村田园的气息，这就是法国农业银行的标识。而最为人熟知的直销银行ING Direct，通过线下的ING咖啡馆支持线上业务。就像星巴克所打造的"第三空间"一样，客户进入ING Direct的咖啡馆网点，扑面而来的咖啡香味顿时让客户倍感惬意。咖啡馆网点所谓的店员都是"全能型选手"，既会做咖啡，又能处理银行业务兼销售产品。来到网点的客户在尽情享受一杯香浓咖啡的同时就把业务办理好了。

星巴克咖啡、华特迪士尼等公司都是我们熟知的利用嗅觉进行营销服务的高手。

星巴克希望为顾客带来这样的体验：即使在一家新开张的店面里，顾客依然可以闻到浓郁的咖啡香味。这种香味是企业实施"顾客感官管理"的结果。星巴克为了营造店内最佳的嗅觉体验做了大量工作：尽可能采用非开放空间隔绝外界气味，并提高店内咖啡香气的浓度；不供应热食；咖啡豆要烘焙出最佳香气；应用复杂的清洁程序；全店禁烟并禁止员工使用香水。全感官的消费体验，使顾客印象深刻，星巴克也收获了无数白领粉丝的青睐。

曾以甜甜圈在中国、日本和韩国出名的唐恩都乐（Dunkin' Donuts），为了推广它的另一项主营产品——咖啡，曾经在韩国进行过一项实验：当某些线路的公交车上播放唐恩都乐广告歌时，车上预置的雾化器会因为具备声音识别技术，释放咖啡的香味，让乘客为之一振。这项活动使得唐恩都乐在公交车站附近门店的客人增加了16%，销售额则增加了29%。

感官对人的态度、心情、记忆等都有着深远的影响，虽然感官体验设计已经存在多年，但是对于感官知觉能够深度影响我们大脑的深层部位这一点，很多企业才刚刚认识到，有待挖掘的潜力巨大。随着技术的迅速进步，企业与消费者的交流正在发展为多方位对话，公司需要在不同消费场景中寻找服务与人们感官联结的机会，让服务利用感官来创造更有温度的体验，这样，人们才会将公司和产品铭记于心。

第三节
行为话术品温度
* * *

一、话术的温度设计

有句话说"会说话的人是高情商的人，一开口就能赢得别人好感"。所以在服务中，话术的好坏不仅影响客户体验，还直接影响销售和复购。

服务场景里，最常见的文明用语就是十字礼貌用语，即"您好、谢谢、再见、对不起、请"。这些用语是规范用语，但是随着客户的需求升级，标准话术已不能满足客户的特殊需求，所以，很多行业都在倡导"温暖服务"，那么温暖服务的核心要素就是话术的温度表达（图3-2）。

/微服务，心体验/

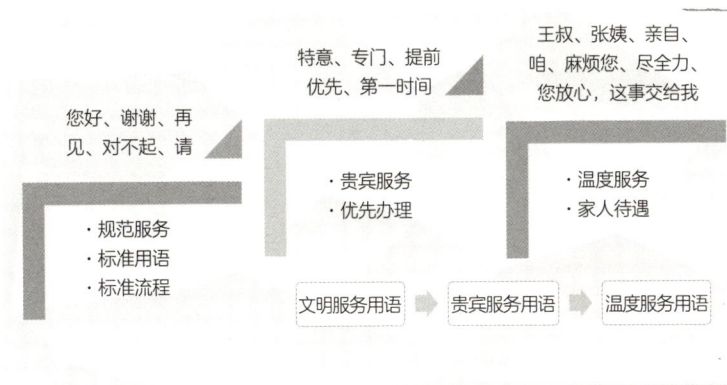

图3-2　话术的温度表达

　　服务中说的"请、谢谢、对不起"这样的礼貌用语只能算作最基础的服务用语，称不上是"服务话术"，更体现不出打动客户的力量。比如，跟客户说"您看我能帮到您什么呢？""抱歉让您久等了。""这个问题我帮您核实一下好吗？请您稍等1～3分钟""您好，很高兴继续为您服务。""谢谢您耐心等待。""很荣幸为您服务。"……诸如此类的服务话语就具备了一些温度，让客户听着感觉亲切、舒服。如果想进一步跟客户拉近距离，那么可以更好地提升和设计话术。比如，记住客户的姓名，尤其是VIP客户，如果能够在对其服务的时候说出："某女士/某先生，您是我们尊贵的客户，很高兴又能为您提供服务"，那么客户内心会产生尊崇感。还有一些服务人员用让客户对其产生亲近和好感的称呼，如说话的时候用"王叔、张姨""咱""您放心，这事交给我""一定尽力给您办好"等。

不同层级的服务话术的使用，会给客户带来不一样的体验。文明服务用语是第一个层级，贵宾服务用语是第二个层级，温度服务用语才是"话术"的最高层级。

📁 案例

温度服务用语让客户感受温暖服务

热力公司每年供热季都会遭到很多客户投诉。有对温度不达标的抱怨，有对师傅迟迟不上门的投诉，也有对师傅上门没有解决问题的反馈。供热矛盾集中且尖锐。这时候就极其考验客服中心的应对技巧。如何让客户更加包容，减少投诉，最后还能理解公司的服务难度？此时话术就显得非常重要，公司需要让客户感受到被重视。

比如我们看下面客服中心如何用有温度的话术安抚客户：

客户：你们上门两次了，第一次说暖气片有问题，第二次来清洗了暖气片，但还是没有效果。这师傅的技术也太差了，浪费我两个白天在家里等他，我要投诉他。

客服：您好，请问怎么称呼您？

客户：我姓张。

客服：非常抱歉，张女士（称呼姓氏），很抱歉两次都没给您解决问题，看来是我们上门师傅没有找到暖气不热的根本原因（承担责任），暖气片不热的原因也确实比较复杂，您看我们是否可以再次上门检修（封闭提问，确定抱怨点，听出真需求）？

客户：是的，那当然，我是缴过费的。你们赶紧再派师傅过来，再没达标，我就要退费了。

客服：好的，我相信您来电不是为了退费，而是需要我们解决问题（不是……而是……引导真实需求）。我已经把您说的问题（表达重视）记录下来了，马上反馈给维修师傅和他的领导（行动迅速、升级服务），让我们更有经验的师傅再来查勘下，给咱家仔细排查问题的原因，您看半小时内（时间承诺）我让维修师傅给您回电好吗（主动服务）？

这样的话术，肯定会让客户改变原来生气的状态，即使不完全满意，也会变得冷静，不会动不动投诉，也不会拒绝缴费。

和老人拉拉家常——温度服务就是那么简单

现在到营业厅办事的很多是住在附近的老年人，老年人不太会用手机App（应用程序）缴费，在手机上缴费也无法获取纸质的收据，所以，很多老年人还是习惯在营业大厅办理缴费的业务。在北京邮政的海淀某网点，他们给予了老年客户家人般的贴心和关怀。

张爷爷来到网点，员工王君（化名）赶紧迎上去，问候道："张爷爷，您今天有空来呢。好久没看到您了，您需要我帮您做什么呢？"

张爷爷回答："我来给孙女订作文资料。"

"好的，张爷爷，您先测量体温，按照北京市政府的要求，您需要用北京健康宝扫描一下这边的二维码登记一下。"

张爷爷很抱歉地说："我只有老年机。"

王君连忙说："没关系，很多老年人都不习惯用智能手机，我爸爸也不会用，那就麻烦您在这里登记一下。"

这段亲切的寒暄，带上姓氏问候老人，让老人感受到亲人的温暖。更重要的是没有让老人因为不会用智能机而受到阻碍，使老人不觉得自己与时代脱节。举例自己的爸爸也不会用，不但具有同理心，还巧妙地化解了老人的不适与尴尬，拉近了与老人的距离。

办事大厅人很多，听说老人为孙女订资料，王君又主动为爷爷介绍起来。

"张爷爷，您孙女多大了，您打算给孙女订阅哪种杂志？我们这里有杂志推荐榜单，都是很受家长、孩子喜欢的期刊。您可以先看下，我给您倒杯水，您的号码是5号，您前面有4个人，等到了您的号我再过来叫您。"

张爷爷连忙感谢："谢谢小王，我就是不太了解订哪种更好。她爸妈这段时间出差，让我给孩子订。你们能给我推荐就最好了。要不你先忙，我自己先看看。"

网点人多，有些焦急的张爷爷因为一杯温水和王君对他的推荐介绍，踏实地坐下来耐心等候。综上，和老人拉拉家常，主动为老人排忧解难，就能让服务变得更温暖，让我们和客户的关系变得更和睦。

我们的客户已经不仅仅满足于产品的质量好，他们开始在乎我们的服务是否有温度。在服务过程中，可能我们说的每个字、每句话，客户都会在意。所以，好的服务离不开有温度的话术，良言一句三冬暖是古人留下的智慧，这样的智慧更应该用在服务行业。

真正有温度的话术需要说话者有同理心，设身处地为客户着想。真正有温度的话术能让客户与说话者建立信任，使说话者发现客户的真实需求，并引导客户下单。一旦客户发现说话者的方案或建议真的可以帮助其解决问题，自然会接受甚至感谢其帮助。如果完全出于业绩需要使用话术，那么就会出现类似药店推销药品的尴尬场景。在客人进店的时候导购会满脸堆笑地问客户需要什么，当推销失败的时候，往往就冷脸相待。还有一些卖服装的导购，为了完成业绩会说一些违心的话，明明客人穿的衣服并不合身，却一直假心假意地对人家说"你穿这件太合适了"。这种话术的背后并不是服务，更不是走心的服务。

二、行为的温度设计

研究显示，38%的第一印象取决于音调，人对其他事物或人物的判断中有93%取决于非语言沟通。

比如，如果服务人员站得笔直、保持微笑，对每位客人都点头示意，客人就会感到亲切。反之，如果服务人员看上去无精打采，或者表现出好像被打扰了，客人就会避而远之。

再比如，如果一个服务机构的服务人员穿着不规范，客人就会把这种印象投射到品牌中，认为企业不专业、不严

　／微服务，心体验／

谨，体验感也会降低。

一个人的仪态，是其修养的体现，因此素有"站如松、坐如钟、行如风"之说。在日本，百货商场对职员的鞠躬弯腰幅度还有具体的标准：欢迎客人时鞠躬30度，陪客人选购商品时鞠躬45度，对离去的客人鞠躬45度，真诚道歉鞠躬90度。这其实就是一种行为设计。

行为设计的首要任务是给客人留下良好的第一印象，大部分客人都依靠第一印象对服务人员和服务质量进行评价。客人在心里会产生"这个人不是很可靠""这个人很有职业素养""这个人看上去值得信任"等结论，这对客人后面的选择和决定起着非常大的作用。所以，服务设计的第一步就是注重仪态。

在为客人服务时，第二步就是注重外表，这会给对方留下好的印象，从而进一步对整个企业和服务产生好感。在服务行业中，服务人员不是非得打扮得漂亮醒目，而是要做到"职业化着装"。大方、得体、整洁是基本的要求，然后才是根据不同的服务身份来匹配相应的服装，从而为客人提供良好的视觉体验。

第三步，要注意行为规范服务人员的举止。透过一个人的行为举止，可以看出其素养如何。一个行为举止落落大方的人，更容易让人亲近，进而产生好感。人的举止有时候比语言还重要，俗话说"人的举止会说话"是不无道理的。在服务工作中，服务人员应举止大方、不失稳重，因为其行为举止也代表着服务质量的好坏。

日本服务员的服务小细节让游客印象深刻

去过日本的朋友，都会对日本的服务印象深刻。虽然没有刻意提供尊崇服务，但是服务人员的一举一动都能让游客感受到他们对工作的认真和对游客的尽心照顾。

2018年，我们去日本旅游，邮轮停靠在高知的小县城，大部分游客下船后去爬山游玩，而我在山下喝冷饮。8月的下午4点，气温达到36℃，火辣辣的太阳晒得我们满头大汗。这时候，我忽然看到停车场的大巴车旁，一位司机站得笔直，面对车门，已经做好迎接游客回来的准备。地上放着小板凳，为了方便老人和小孩上下车。10多分钟后，游客陆陆续续从山上走下来，而司机师傅在烈日下笔直的背影在我脑海里留下了深深的印象。

从大阪到东京的新干线，彬彬有礼的乘务员也让我们感觉到非常温馨。这位女孩子面带微笑，见到乘客主动鞠躬，然后推着她的小售货车小声地叫卖。为什么那么小声呢？也许是因为正值中午，大部分乘客都在午休，所以，就算叫卖也要放低音量。她微笑着走完全车厢，又转过来给所有人再次鞠躬，之后推着小推车进入下一节车厢。

从酒店出发到地铁站，车刚停下，一位长者就在车下做好邀请的姿势。炎热的夏天，他在长袖衬衫外面套上了安全背心，左手做好邀请的姿势，戴着手套的右手自然下垂。等游客下车后，他赶紧上车和司机一起搬运行李，戴着白手套也是为了不弄脏游客的行李箱。虽然我们听不懂日语，但是看到这些服务的动作细节，很多游客都纷纷对他们表示感谢。的确，让客户感受到贴心的照顾，才会让客户愿意掏钱买单，这是日本服务最核心的价值观。

🔍 案例

沟通无碍，银行厅堂的听障人员服务细节

抖音上有一条银行厅堂服务的视频，点赞数超过10万，转发数超过1万。是什么样的服务，让大家纷纷点赞呢？其实视频讲述了一个故事，中国银行某网点来

了一位听障人员，大堂经理赶紧迎上去，简单的手语交流使大堂经理了解了听障人员今天想来办银行卡挂失。大堂经理引导听障人员到特殊柜台办理业务，并在听障人员靠近窗口前，用手语与同事交流，并比画了一个"8"的手势放在下巴处，提醒同事：下一位客户是听障人员，你要记得微笑。等听障人员靠近窗口后，大堂经理拉开椅子，轻扶对方手臂，请他坐下来办理业务，最后陪同听障人员办完业务后再用手语提示他如果以后再来，可以加其微信提前告诉自己。这个视频只有短短30秒，却让观众意犹未尽，最重要的动作细节就是用手语来实现同事之间的岗位联动和配合，让听障人员感受到银行的优质服务。大堂经理希望营造出让听障人员感觉舒适的环境，所以，他们用手语交流，使沟通真正做到无障碍。

　　所以，有温度的服务行为就是为客户着想，在服务的过程中给客户带去极佳的体验。这种体验不是刻意去感动客户，而是把这种用心和善意体现在对待每一个客户的日常服务细节中。这种自然的服务行为，才能让客户真正感受到温暖与满意。服务动作行为中的小小善意会拉近企业与客户之间的距离，收获更多的信任。

第四章

小景大爱之流程优化

第一节
流程优化三大关键点
* * *

一、客户旅程定全貌

　　客户旅程（Customer Journey）是指客户首次接触直至下单并享受产品或服务期间与企业互动的全过程。它并不是一个新兴的概念，咨询公司在很多年前就将客户旅程的梳理和优化作为打造客户最佳体验的重要工具。依据"以客户为中心"的宗旨对客户体验进行改善和重塑，优化与客户的交互方式，持续为客户提供高价值服务。在设计领域，设计师将客户旅程作为设计思维的重要维度，客户旅程地图成为服务设计的常用工具之一，通过基于旅程的拆解，分析客户全流程的接触点和支撑旅程的利益关系，创新客户在各个环节中的体验。

　　服务的时候，我们要问问自己，想给客户留下怎样难忘的第一印象，并且为了留下这一印象要提供哪些与众不同的体验。了解客户是如何进行选择和购买的，在他们的客户旅程中，更具影响力的渠道和接触点是什么，我们如何影响这些，这对于我们希望推出的新产品有什么作用。

这些问题如果想要得到可视化的效果，就需要对客户旅程进行研究，推动客户旅程的不断发展。

客户旅程从客户全流程中的"关键接触点"开始，通过对运营数据和客户调研的分析，找出客户在体验中的"痛点"，把痛点进行排序，找出"关键痛点"，以此来对关键业务环节进行改进。然后着重在客户旅程中创造一些令客户"尖叫"的点，以此使客户获得极致体验并产生口碑效应。这一时期的客户旅程管理可以算作客户旅程的1.0时代，重点关注单一的客户接触点改造，而不是"整个"客户旅程的体验。现在，如果企业还只是这样操作，就有些过时了。

随着移动互联网的发展，客户与服务企业的接触点不断增加，并呈现碎片化的趋势。客户有了新的期待，希望在任何时间和地点，无论线上还是线下都能收获良好的服务体验。这可以称为客户旅程的2.0时代。此时的客户体验将围绕"人-设备-服务"三者展开，无论从线上到线下，还是从线下到线上，客户的旅程可以从数字渠道或传统渠道中的任一环节进入场景中，并获得相关的服务。

经济发展至今，"以产品为中心"的服务时代已经悄然变成了"以客户为中心"的时代，此时的客户体验管理从聚焦于关键客户接触点，演进到聚焦于跨渠道全流程客户体验。这就是客户旅程的3.0时代。在这个演进的趋势中，客户不仅日

/ 微服务，心体验 /

渐"习惯于"获得最佳客户体验，还将满足且超越客户预期的服务视作"理所应当"。客户再也不会主动探索某个品牌、某个产品或某个服务，取而代之的是客户在自己的生活场景中"被触达"或"被吸引"。

有了这样的变化，企业也要开始转变思路，不能再站在之前提供产品和服务的角度去思考问题，而是要重新定义客户的需求和愿景。企业要做大量调研，明确客户真正想要的东西，然后从"客户愿景"出发去提供服务，将所有与客户愿景相关的内容都整合进来，绘制出有价值的旅程地图。企业要时刻考虑做的事情对客户是否产生价值，是否能够达成客户愿景，是否能够吸引客户，是否能够和客户建立持续的情感连接。只有打造出超预期的产品或服务，才能满足"被惯坏"的客户。

之所以说客户旅程定全貌，是因为企业通过客户旅程，可以随时查验自己的品牌、产品、服务和流程。企业要记住客户是谁，以及他们在寻找什么，从而明确他们的需求，有针对性地进行满足。

从客户的角度来看，客户旅程不是描述产品的功能性，而是描述实现客户目标的一系列场景故事。客户旅程使开发团队能够了解特定的工作单元，了解整个项目如何为目标客户带来最终价值。客户旅程也给企业带来很多价值：

（1）通过识别关键步骤和决策点，更大限度地减少负面的客户体验，从而提高的客户转化率。

（2）通过理解服务周期的各个阶段是如何传递的，以确保关键的服务触点无负面贬损的体验，从而提高客户留存率。

（3）允许企业放大特定渠道中的单个客户旅程来进行优化设计。

（4）理解所需的度量标准，以确定客户在不同服务状态下的进展和退步点，从而提供机会使客户重新加入。

（5）允许企业优先考虑其客户体验策略中的操作步骤。

（6）揭示各渠道、各部门之间的差距。

客户旅程包含客户体验的整个过程，这意味着客户体验不是一个单点感受，而是一个整体的体验感受。

从落地的客户体验执行层面来说，很显然它就是一个旅程的模式。因为客户从产生想法到了解、参与和购买，会经历各种各样的接触点，因此从更专业的角度来说，客户旅程之所以能够定全貌，是因为要让客户跨渠道、全流程、全接触点与企业互动后形成整体感受。

二、峰终定律创惊喜

大多数提供服务的企业或组织认为，在客户的眼里整个服务流程同等重要，实则不然。通常状况下，事件的结尾远比开端重要得多，这一点我们可以从行为科学的相关研究中找到证据。当回忆一项服务的感受时，人们并不记得每个单个时刻的细节（除非体验事件很短或有精神伤害）。相反，他们会生动地回忆起少数重要时段，并且在发生的一系列事件中，人们更希望令人满意的事件在结尾时发生，因为这样他们就可以欣赏、回味它们。这个现象就是峰终定律。

峰终定律是诺贝尔奖获得者、心理学家丹尼·尔卡尼曼提出的，他发现人对一段体验的评价是由两个因素决定的，第一个是事件中的"高潮"，即为峰；第二个是事件的"结束时刻"，即为终。

服务行业也在广泛运用峰终定律。服务全过程中，如果没有一次高潮体验，从头到尾都是普通的、常规的服务，那么这样的服务很难让人留下美好的印象，最终只会被忘记。如果全过程出现负面的体验或者糟糕结尾，也会让人介怀。比如餐饮行业，菜品不错，就餐环境优美，但是最后结账时，却忘了客户有道菜因为迟迟没等到，已经退掉了，账单上却依然有那道菜，被客户发现才得以纠正，最终留给客户的印象就是负面的体验。因此，如何在服务过程中创新服务的高潮体验，并设计结束时候的美好，是服务流程设计最重要的环节。

在客户体验的创造过程中，企业如果不能保证每一个流程、每一个细节都做到完美无误，从而给客户留下美好的回忆和难忘的体验，那么以一个极好的形式来结束也不失为明智之举。经常出差在外的人对航空业提供的服务和体验并不陌生。由于经常出现航班误点甚至被取消、休息时间不足、丢失行李等情况，航空服务业引起了客户的极大不满。据相关报道，曾经出现过旅客因为航班无限期延误致使其在忍无可忍的状况下强行登机的事例。由此可见，航空业为客户提供服务、体验的过程的确有很多亟待改进的地方。有一些服务提供商在服务流程上就做得很好，值得借鉴。

案例

不断创造惊喜的日本餐厅

日本有家餐厅，料理价格不菲，但如果没有预约就要等待很久，却依然吸引了远道而来的客人。该餐厅从来没有打过广告，但却享有盛名，大家都称它为惊喜服务餐厅。大家在用餐过程中会收获哪些惊喜呢？餐厅会为预约的客人定制带有客人名字的手帕，让每位就餐的客人打开手帕时都有惊喜的感受。就餐后客人还可以把定制手帕带走。如果当天降温，工作人员还会为每位客人准备写着"感谢您光临"的暖手宝，然后悄悄地放在客人的大衣口袋里，等大家双手揣兜时，又能收获

/ 微服务，心体验 /

"哇"的惊喜。这还不算，工作人员会为在本餐厅求婚的客人制造不一样的浪漫，他们会为客人专门准备定制的咖啡、鲜花，所有工作人员都会在店外举牌祝福客人一定要甜蜜恩爱到白头。就是这样用心为客人制造惊喜的餐厅，虽然从不做广告，却吸引了全国各地慕名而来的客人。有客人说道："现在找一家能吃饱吃好的餐厅满大街都是，但是惊喜服务餐厅却常常给我们带来惊喜和感动，在某些重要的日子里，我们总会想到要到惊喜服务餐厅去庆祝。"

好的峰终设计，要满足以下几点要求：

（1）成本不高，非高价投入。

（2）时时创新，非一劳永逸。

（3）惊喜适度，非过度打扰。

所以峰终设计是站在服务提供者的角度，考虑在总体成本可控的范围内，给客户核心体验。

没有任何一家企业能满足客户所有的需求，如果每一个点都达到客户的期待，甚至超过了企业的资源配置，那么该企业相应的成本一定超出负荷。所以提高服务要有取舍，这也是峰终设计的意义，核心和关键的部分让客户获得"峰值"体验，在体验结束时获得"终时"体验。

给客户惊喜，提升员工服务力

某知名木门品牌各区的服务经理和售后服务工程师，一起策划了售后安装的惊喜服务，其中包括利用多余的木材给客户做小板凳，主动给客户提供施工建议，帮客户处理房屋装修的小毛病，还有一个最精彩也最简单的，即在交付现场，给一扇木门套上"开门见喜"的宣传画，既讨喜又把企业的LOGO植入了宣传画，给企业也做了一波宣传。

佛山某购物中心的消费者主要是"80后""90后""00后"的消费群体，为了让年轻的消费者认同其时尚潮流文化，他们专门设置了情侣打卡墙、闺蜜逛街线路，现场还设置了盲盒免单项目。盲盒代表年轻人的一种价值观：一切皆有可能。所以，盲盒项目那里总是排着长龙。

某知名的酱香好物体验店为外地来本市的商旅客户专门推出了两项惊喜服务：一是准备本地特产和伴手礼送给客户；二是为商旅客户准备本地特殊餐饮和旅游景点介绍卡，让商旅客户可以轻松选择旅游景点。同时还为客户提供品鉴酒和小食。

人们体验一项事物之后，能记住的就只是在"峰值"与"终时"的体验，而在过程中好与不好体验的比重、好与不好体验的时间长短，对记忆几乎没有影响。在设计客户体验时，依然可以通过优化"峰值"体验和"终时"体验，为客户创造更加长期的愉悦记忆。

📁 **案例**

最经典的峰终定律设计者——宜家

峰终定律应用最典型的是宜家，它是以平实价格销售即装即用家具（Furniture RTA）的先锋，2003年全世界最大的家居用品零售商。宜家的销售模式和传统家具销售模式完全不同，宜家在购买过程中倡导让消费者自己DIY，这难免让大家感觉不便，比如需要消费者自己寻找家具产品，自己搬运，甚至不提供免费运送和上门安装。但是宜家提供的高性价比的产品、沉浸式的样板间组合展示以及美味可口的餐厅，总能吸引它的粉丝不断光顾。最特别的是1元蛋筒冰激凌，几乎每个消费者都会买上一个，1元的价格远远低于市场价，并且多年没有涨价。据宜家的管理者解释，如果消费者对我们物美价廉的产品没有直观的感受，那么消费者逛完整个商场，来一支1元钱的冰激凌，甜蜜又便宜一定能让其印象深刻（图4-1）。

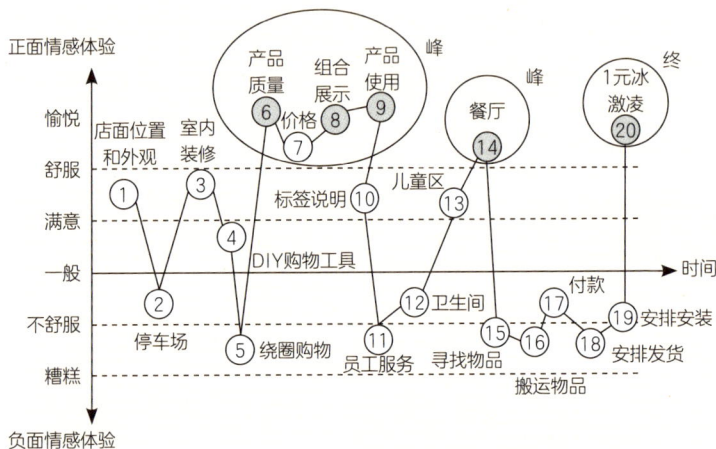

图4-1　宜家"峰终定律"客户体验模型

图片来源：商茶社。

案例

迪士尼完美诠释游客旅程中的峰值体验

去过迪士尼的朋友应该都对游乐园里每个游乐项目前人头攒动的长长的队伍印象深刻，虽然来之前已有预期，但是烈日下排上几个小时，却是非常糟糕的体验，所以，聪明的迪士尼会把精彩的花车巡游安排在上午和

/ 微服务，心体验 /

下午各一次，看花车不需要排队，只需要提前来到道路两旁等候即可。熟悉的音乐声响起，可爱的迪士尼角色欢天喜地走过来，对欢呼的人挥手示意，大家沉浸在童话故事里，早已忘记对其他项目排队的抱怨。巡游结束，大家还意犹未尽，不愿散去，这就是迪士尼的"峰值"体验设计。

迪士尼的游客如果选择傍晚离开，那么他们一定会错过迪士尼最精彩的烟花秀，这是闭园前的最后一出节目。烟花表演映衬着迪士尼城堡的灯光，显得如梦如幻，游客仿佛像真的公主和王子置身在童话的世界。2021年上海迪士尼推出全新的烟花秀"迪士尼奇梦之光幻影秀"，和以前一样是15分钟，共7个章节，漫威的超级英雄在第4个章节。现场气氛实在太热烈了，如同派对现场。城堡上的光影特效搭配绽放的烟花，把电影场景1∶1还原了。

烟花表演结束，游客们依依不舍地离开，每个游客的相机里保存了无数个烟花秀的小视频。从游客满足的表情可以看出，一场完美的烟花秀就是今天最美好、难忘的快乐体验。

商家在设计服务体验时要明白，峰终体验是最有可能被客户传播的，巧妙的设计会形成最美好的记忆。当然，糟糕的"终时"体验也会让客户印象深刻。比如我们去银行、社保局等服务性窗口会发现，点燃矛盾导火索的往往都是"终时"体验上出了问题。因为前期漫长的排队已经耗尽了客户的耐心，如果最后在窗口服务的工作人员出现态度不佳的状况，那么对于前来办事的客户来讲，整个过程都显得异常糟糕，即便他想要办理的事情已经得到快速解决。

同时，我们也经常会看到这样的场景，某些餐厅出现了菜品较差、价格过高的现象，但在结账时主动给客人打折，最终也能给客人留下不错的印象。

尽管"峰"和"终"都在很大程度上决定了客户的购物体验，以及下一次是否会继续光顾。但"终时"体验所产生的效果显然更加明显。只不过我们的很多公司并没有重视对"终时"体验的设计，白白失去了很多会复购的客人（图4-2）。

峰终定律的秘诀就在关键的客户体验环节上，企业应该创造出更多、更高的峰值体验。巧妙地借用峰终设计，能够助力企业事半功倍，为客户提供更高效优质的服务，留住客户，赢得口碑，树立良好的服务品牌。

服务可能做不到十全十美，但是击中客户的"峰""终"感知点，让其足够宽心去忽略品牌其他方面的不足，这就是好

/ 微服务，心体验 /

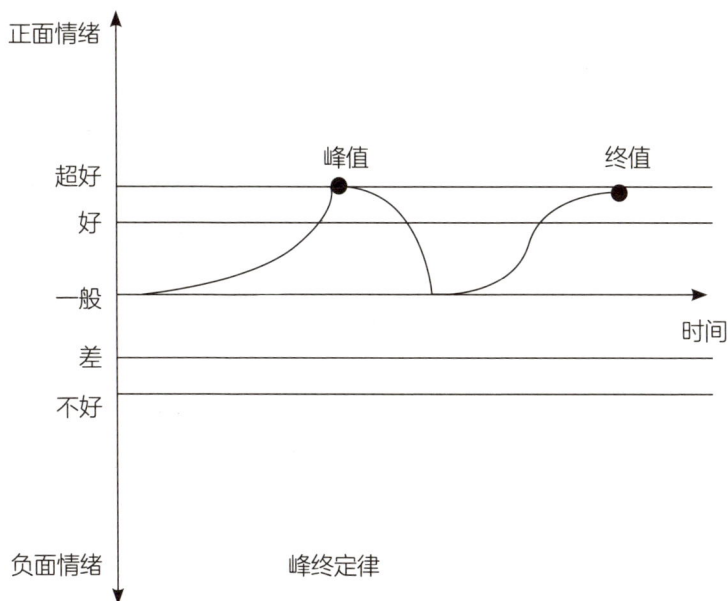

图4-2　峰终示意图

的服务。

三、四大触点是关键

关键触点是服务流程中打造峰值的关键。在服务里，强调峰值和终时的重要性，是因为如果企业提供的服务被客户认为是平庸无奇的，那么客户就不会对企业产生什么深刻的印象，当然也就不会复购和转介绍。

关键触点有4个，分别为：预触点、首触点、核心触点、末触点，我们来一一介绍。

（一）预触点

预触点是指客户和产品第一次"相遇"或者"偶遇"的时刻，这个时候严格来说还不能算是一个触点，因为客户还没有使用你的产品或服务，只是处于尝试的观察阶段。这个阶段就是潜在客户在网上或其他渠道审查你的阶段。他们可能会搜索你或在大众点评应用程序上查看别人对你的评价。也就是说，他们在真正与你的产品或服务接触之前就已经在网上研究你了，特别是在互联网世界，人们习惯了先去搜索相关内容。很多人都有过这种经历，想去吃烤肉，先去大众点评搜"烤肉"关键词，然后看排名、评价、评估菜品和价格，最后决定去哪一家吃。想出去旅游的时候会去一些旅游应用程序里搜索攻略，选择口碑和服务靠前的旅行社。因此，企业不能轻视预触点，因为大部分的潜在客户都曾出现在预触点的阶段。当然，现在很多商家也懂得充分运用预触点来争取客户的青睐。

比如入驻美团、大众点评的很多商家，如果在服务过程中得到客户的认可，服务员都会积极地向客户争取好评，或者让客户上传几张图片。好评多，排名靠前就容易得到更多人的关注。甚至有些商家会额外送客人一道菜、给旅客升级房间、给客户打折，只为让客户给好评，从而充分发挥预触点的价值。

非互联网的企业也有预触点。如果你有一家实体店，路

　　　　　　　　　　　　/ 微服务，心体验 /

过的潜在客户对它的印象是怎样的？客户停车的时候，对它的印象如何？客户开门进店的时候印象如何？客户面对的是笑脸还是愁眉苦脸？这些都会对预触点产生影响。

所以，无论是数字世界还是实体世界，预触点等于第一印象，无论是线下偶然路过，还是线上第一次看到品牌信息，看到什么很大程度上决定了客户会不会想要继续接触下去。尤其随着移动互联网的发展，任何一家企业都具备线上和线下两个身份，不管是实体店还是线上企业，客户在使用之前都会先去网上搜索信息。很多企业不惜花大价钱去消除企业的负面评价，但是无论再怎么消除负面评价都不如让自己变得更好。如果你给客户的体验是极致的，那么客户就会自发帮你传播，他们的好评就是你最好的宣传资源，也是你"自证清白"的武器。哪怕有一些同行业竞争对手故意给你"抹黑"，你的超级粉丝也会站出来替你解围。

要想赢在预触点，就要利用我们生活在一个信息共享的经济体中这一现实条件。超链接的世界赋予了客户推崇你或者毁灭你的权利。如果只是提供基础预期水平的服务，那么客户对你的评价就是一般。你提供的体验一般，客户没有理由再提起你。如果客户不再提起你，业务就没办法扩大，你在线上的存在感会越来越低，甚至几乎为零。如果想让客户对你口口相传，其他3个触点上的体验也必须达到极致水平，极致的体验让客户赞不绝口，这又反哺了预触点体验。之后，当潜在客户搜索你的相关信息时，搜到的就都是好评。

当然，想要使自己的预触点完美需要方法。第一，调研你的潜在客户看到你的公司时会是怎样的体验。如果你去调研，就会发现自身的不足或长处，花一点点时间在调研上，后续将对自己公司的改进大有助益。第二，提升你的服务方式。多花一些心思在客户体验上，你会发现很容易脱颖而出并且给客户留下好印象。第三，客户的喜好随时在变，你不要以为提供一次好的服务就够了，要不断地深入了解客户，持续改进客户体验，才能真正得到忠实客户。第四，在客户购买你的产品或服务之前，为他们提供免费且有价值的资源，让客户爱上你，然后他们就会自己主动来找你了。第五，避免自己的公司或产品有负面信息。每天都有无数的潜在客户在搜索你的公司，如果他们搜索到你的时候是负面的信息，就等于你还没开始给他们服务就被淘汰了。所以，一定要避免这样的事情发生。只有这样，你才能顺利度过预接触阶段。

（二）首触点

首触点是指客户和产品或服务的第一次"亲密接触"。首触点奠定了客户对品牌、产品或服务的永久性看法。如果首次接触客户感觉不好，那么之后很难补救。相反，如果首次接

／微服务，心体验／

触客户感觉非常棒，那么接下来就会顺利不少。如果说客户在预接触阶段是对一家企业或产品进行审视，那么在首次接触这个阶段，他们就是开始和企业建立实际连接了。和所有触点一样，这一阶段的关键也在于为客户提供极致的体验。首触点可能是客户走进你的店铺，通过视觉或嗅觉来感受你的服务。客户也可能会与客服交流，感受客服的亲切和热情。如果是在网络上首次接触，客户会考量你的小程序或者应用程序、颜色、音乐以及整个风格是否看起来舒服，点击链接是否顺畅、快捷，也许复杂烦琐的程序会让客户瞬间失去继续使用的耐心。所以永远不要低估首触点对客户体验的巨大影响。

🔍 案 例

汽车保养点的首触点设计

河南某汽车保养店，在高大上的4S店和满大街的洗车维修店中找到了一个新的市场，那就是汽车保养。他们的店开遍郑州各小区，让周围社区居民只需开一次晨跑的距离，花费喝一杯咖啡的时间就可以轻松做完汽车保养。2021年5月，该店成立6周年之际，他们启动了服务升级、品牌升级，坚持以客户为中心，打造极致的客户体验的活动。为了感受这家以服务为特色的汽车保养品牌，我们特意开了一辆需要保养的车过去。车刚刚停下来，穿着工服的小伙子立刻从维修间跑出来，满脸笑容，他憨厚朴实的样子让人好感倍增。"老师，您好，您是来保养的吗？"小伙子热情大声地和我们打招呼。得到我们肯定的答复后，小伙子更开心了，赶紧自我介绍："老师您是第一次来吧，我是小马，今天由我为您服务。"小马边说边拿出他们的一次性座椅套给我铺上，原来这是他们的特色服务：为了不弄脏客人的爱车，他们为方向盘、座椅，还有地垫铺上一次性塑料套。车还没开始保养，这一系列的动作，跑起来、笑起来、喊起来，铺上三件套，从视觉、听觉到触觉，从动作、行为到话术，都给我们留下了不错的第一印象。这就是首触点的价值，让客户拥有美好体验开端，也为后续的服务奠定了信任的基础。

📁 案例

西安某酒店的首触点服务

首触点是商家和客户建立第一印象的好时机。酒店的首触点服务，有帮旅客开门推行李箱的，也有为旅客

　　　　　　　/ 微服务，心体验 /

奉茶的（如亚朵酒店），也有酒店送上一块现烤的桃酥饼干的，这些都是不错的首触点服务。我经历过最简单首触点服务，是在西安的一家连锁酒店，前台为我办理好入住手续后，我顺口问了一句，你们房间的WIFI密码是多少。这个问题，很多旅客都会问，大多数的前台人员会告诉旅客，在房间某处有或者房卡背后就有注明。但是这家酒店的前台小伙子主动从前台走出来对我说，我来帮您找，我帮您连上吧。从被动到主动，这个小细节自然流畅，让我感受到这家酒店的员工主动服务已经成了工作习惯。

对比起这些好的首触点来说，也有不少糟糕的首触点。比如，进入一家餐厅用餐时看到服务员冷漠的表情；去机场检票的时候遇到态度很差的安检员，甚至当着旅客的面和同事聊天；去一家酒店，前台全程接待都没有微笑；在线上注册会员，好几次都打不开页面，说程序有问题，等等。

想要把首触点设计好，就要站在客户的立场上考虑问题，如果你是客户，你会怎么办？

● 第一次走进餐厅，你闻到了什么，看到了什么？哪些体验是令你感到愉悦的，哪些是糟糕的？

● 走近酒店前台时，你收到的是怎样的问候？你记住了哪些问候语?

- 在登机的时候,空乘人员是如何迎接、问候你的?你有没有觉得温暖?

试着从客户的立场上考虑问题,为创造完美的首次接触时刻打下基础。下面一些问题在塑造首触点时会产生不小的影响:

- 是否针对不同类型的客户设计了不同的触点?
- 是否设置了线上和线下多个渠道采集信息,创造了更好的体验?
- 是否与一线员工定时召开头脑风暴会议,分享改进首触点的想法?
- 是否有奖励机制,鼓励大家提出改进各个触点上客户体验的建议?

一定要确保首触点的完美,后期才不至于花费更多的金钱和时间来弥补之前的不足。如果一开始客户的体验不好,那么你很可能就永远失去了这个客户。

(三)核心触点

当经过了预触点和首触点的接触,就到了最为核心的接触时刻。核心触点也就是客户和产品或服务的"深度接触"时刻,这是解决客户问题创造关键体验的环节,也是客户最在意的触点体验。如果这个阶段做不好，客户很难有好的评价。现在大部分企业都在关注这一点，通过为他们的员工提供专业的培训提升核心触点的客户体验。

核心触点是对客户决策影响重大的点，这些触点可以通过现场观察发现，也可以通过调研问卷设计找到。比如，罗列触点让客户选择，哪些触点对他来说最重要，或者他做购买决策，优先考虑的是哪些触点。或者我们在哪几个方面表现更好，客户会更愿意付费或再次光顾？

在核心触点方面要保证触点体验的一致性，这一点非常关键。比如，有客户在网上通过口碑推荐和搜索排名发现一家网红餐厅，这家餐厅以新中式风格吸引了很多年轻人。于是客人与朋友相约这家餐厅小聚。进门以后服务员亲切的微笑和礼貌得体的问候让大伙感觉不错，坐下之后服务员马上为大家铺好了桌布，也准备好了餐前茶点。在等餐的时候，小伙伴去了一趟洗手间，卫生间台面的水渍未干，地上还有污水，抽纸用完没有及时补上。菜还没呈上，客户体验已经不太好，刚刚才建立的美好体验立刻打了折扣。的确，卫生间的干净舒适就是餐厅的核心触点之一，大部分客户都会感受到，也会和之前去过的其他餐饮店做对比。体验核心触点后客户可以非常直观地做出评价，这不仅影响其第一次的总体感受，也很容易被反复提及，最终影响客户的下一次选择。

所以，核心触点既要做得用心，又要体现在方方面面，只要任何一处没有做到位，都会让客户体验感变差。

当然，大部分企业难免百密一疏，如果核心触点做得不好导致客户不满意，怎么去挽救呢？以下提供五步补救法。

第一步：最快速度表达歉意。首先要有一个诚恳的态度，向客户表达倾听和抚慰的意愿。比如"很抱歉，的确是我们工作不够细致，让您体验不太好"，这句话不仅表达了歉意，还端正了态度，诚恳地主动承认失误，不推卸责任。这在服务过程中非常关键，也是第一时间疏导客户情绪的关键动作。

第二步：换位思考的倾听。最有效的沟通往往不是你说得多，而是倾听得多。解释问题是本能，但面对产生了不满情绪的客户，先让客户说话和发泄才是明智的，你只要扮演一个安静的倾听者，认真去听就好了。倾听完后，请一定不要忙着抢话为自己辩解，适当留白几秒，让客户感觉我们在思考，而不是冲口而出的敷衍的套话。

第三步：客户需求的确认。当倾听完了以后就能明白客户为什么不满，这样也就等于确认了客户的需求，重复客户的需求1、2、3，不管能否办到。先简单重复，把带有消极色彩的词替换成中立的词，比如客户说你们推诿，我们可以转述为我们耽误了客户的宝贵时间。用"耽误"替换"推诿"，并向

/ 微服务，心体验 /

客户表明确认后一定会优先处理。优先处理的承诺就是向客户传递，他的意见很重要，我们非常重视，并且保证一定会给出一个满意的答复。这里注意要引导客户转向真实需求，有的客户在情急之下，会要求退费或者投诉到上级领导处，我们可以诚恳地引导他：相信你们找到我们，不是为了要退费不再使用，而是给我们一个机会，希望我们能尽快解决您的问题。"不是……而是……"的句式应用，就是为了缓和客户的情绪，避免冲突升级，真诚地期望客户能让我们改正、补救。

第四步：除了应有的弥补，最好还有情感的安抚。仅仅知道需求给予相应的补偿还不够，因为这仅仅是做到本来就应当弥补的，而客户还需要情感安抚。提供超出客户期待的方案，费用不用太多，但心意一定要表达，让客户看到你的诚心、诚意后，往往就会转危为机，让客户重新信任企业，企业也能重塑品牌形象。

第五步：问题解决后的回访。问题解决以后如果在第二天或过几天后对客户进行一次回访，问问客户对解决方案是否满意，那么从客户的角度来说，这表明服务人员和企业的确将客户需求放在第一位。只有做好回访，才代表补救工作到此结束。反之，如果漏掉回访，客户则会更加失望，不良体验极有可能形成裂变传播。

青岛某酒店的服务体验补救策略

2021年8月，因为新冠肺炎疫情的原因，很多酒店遭受重创。门可罗雀的酒店经营压力巨大。嘉玲住的这家酒店非常冷清，虽然这家酒店位于青岛崂山风景区附近，但是早上就餐的客人不足10人。嘉玲吃完早餐在前台吐槽：昨晚不知何故，睡到半夜，居然房间灯全部打开，把她给惊醒了。嘉玲是商务人士，经常出差，还从来没遇到过这样的事情。本来只是简单的抱怨，可旁边的老板听到后，立刻表示：今晚给嘉玲重新换一间房间，并且升级到商务套间。嘉玲也马上同意了，谁也不想再碰到这样的事情。等晚上嘉玲来到新的房间，惊讶地发现，酒店为她准备了点心、酸奶和水果，并写下一张道歉卡，为她昨晚不愉快的体验诚心道歉。看到酒店的心意，联想到早上不足10人的就餐名单，嘉玲情不自禁地在朋友圈发文感慨：疫情压力之下，还能坚持做好服务，这样的酒店值得为它加油点赞。

没有做到及时回访让客户耿耿于怀

我的学员丹阳给我讲过一次她的真实经历。作为某运营商的四星客户，她使用现在的手机号码快20年了，结果2021年5月，她发现电话不能外拨，手机也没法上网了，她赶紧借朋友的电话让先生给自己的手机充了话费。充完话费后，她心里嘀咕：不是每次都有短信提示欠费吗，怎么这次没看到呢？作为四星客户，基础服务居然悄悄被停掉了，真没把四星客户当回事。充完话费，手机自然会推送短信，询问对服务是否满意。不用说，丹阳就回复了不满意。之后客服中心多次打来电话，不过丹阳因为开会都没接到，下班后又接到网格经理的电话询问她是不是因为信号原因，所以对服务不满意，当听到丹阳指明是因为手机欠费被停机而不满意，对方在电话那头放下心来，并叮嘱丹阳要记得反馈客服中心。挂上电话，丹阳更不满意了。就是因为忙，没有接到客服中心的电话，才转到网格经理这里，网格经理了解原因后不向公司反馈，反而要她自己去拨打电话再次反馈。丹阳没有再次致电客服中心，这事后来也就不了了之。当丹阳与我聊起这事的时候，她十分不解地问我："老师，不是事事有回音吗，我投诉了，并没得到一个答复，也没人告诉我下次要如何避免，欠费多久就会停机。您说他们这个工单的处理怎么就算圆满完成了呢？客服中心最后应该有个回复呀。"这次糟糕的体验发生在2021年，一年过去了，她依然记忆犹新，看来回访这个闭环没做好，客户不仅记住了这个负面的体验，甚至有机会就会去传播。

道歉、倾听、确认需求、服务补救、回访五步，既有对客户不满情绪的疏导，又有对内部服务的检视，只要做到位就能提升服务品质和客户的满意度。利用好这几步，就可以转变部分客户的看法。原本可能是一次非常不愉快的体验，在一系列快速、专业的处理后，客户可能会成为品牌的拥护者。

核心触点也是由很多细微时刻构成的，所以永远要把"细节"放在第一位，不断改进，真正做到把客户放在心上。企业一定要不断寻找核心触点以减少客户不适感、增加愉悦感，最终改善客户体验。

（四）末触点

末触点是指客户和产品或服务的"最后接触"时刻。一次体验的最后接触时刻就是客户购买产品或者服务的时刻。在末触点送别客户时，要让其感到此次经历非常难忘，让其有再次光顾、反复消费的冲动。这样做是为了感谢客户选择你，也是为了告诉他们你很珍视这次经历，并且希望他们同样珍视。这也符合峰终定律。让人们记住良好的体验，末触点的设计非常重要。好的结尾和好的开头同样重要，当客户在末触点获得了满意的体验，那么就有很大可能成为忠实客户，自发地在线上或线下做品牌安利。

客户体验是一个过程，要做到有始有终，不能关注了前面的触点而忽略了末触点。如果前面做得好，而在末触点上做得不好，那么企业就失去了一个维持和加强客户联系的巨大机会。末触点就是峰终定律里的"终"，如果"终时"完美，那么客户可能会记一辈子。

📁 案 例

某名表店长送别客户时提供的末触点服务

张店长是某百货商场一楼某名表店的店长。2019年8月的一天，快下班的时候来了两位年轻人，经过店长简单讲解，二人就决定买下一块13000多元的表。张店长很好奇，不是老客户怎么会这么爽快？等客户买单回来，她边给客户包手表，边和客户聊天："你们是有朋友推荐来的吧。"年轻人说："没错，我们领导上个月在你们柜台买了一块69000元的限量款手表，回来后就给我们展示他的限量款手表，还告诉我们，要买表就来你们这里。你们的服务确实好，帮他楼上楼下跑着领赠品，送他到门外，鞠躬道别，车离开，你们都还在挥手。领导跟我们说要向你们学习，每个细节都给客户留下好印象。这不，我们本来也要买表，所以就来你这里了，不过我们就买不起限量款手表了。"听完两位年轻人的一番话，张店长恍然大悟，原来是因为上次告别客户时细节服务被记住并传播了，所以才有今天的销售转化。从这件事情以后，她对店里每个员工再三强调："我们的客户都是对产品和服务有高标准要求的，我们做的每个细节都会被客户审视，把每个细节都做到位，就能得到客户的认同和信任。"

　　这就是末触点，末触点的价值就是为下一次销售埋下种子，做好铺垫，同时创造非凡的品牌价值。

　　以上就是4个关键触点，虽然不需要面面俱到，但是尽可能多地考虑每一个接触点客户的感受，才能有意识地进行设计，创造更好的体验。

第二节
优化流程中的两个难点
* * *

一、效率优先

2015年5月12日，国务院召开全国推进简政放权放管结合职能转变工作电视电话会议，首次提出"放管服"改革的概念。2017年6月18日，李克强总理提出"营商环境就是生产力"。现场办业务力争做到"只进一扇门""最多跑一次"。为进一步贯彻相关要求，电力、燃气、水务等公共服务行业应以客户满意为落脚点，着力优化营商环境，以客户体验为核心，以问题为导向，转变服务理念，提升服务水平，压缩服务时限，执行服务新标准，把贯彻"放管服"改革向纵深推进。

在当今快节奏的时代，站在客户的视角，时间就是效率，时间对每一个人而言都无比重要。在市场竞争激烈的情况下，高效率地满足客户的需求，是这个快节奏时代客户对企业的要求。因此，企业完全可以把"保证效率"作为服务流程优化的项目之一予以重视。

所以，无论提供哪种类型的服务，都要问问自己，提供这项服务有哪些步骤，能否去掉其中某个步骤。只要能取消哪怕一个步骤，客户满意度就会提升，因为"时间就是金钱"，如果你能帮客户简化程序，节省时间，他们就会回报你。

对优质服务的追求是没有止境的。除了提供贴心的服务，避免产生矛盾也能体现服务的质量。简化一些比较烦琐的流程，减少客户等待的时间，提升服务效率，避免客户产生不好的情绪，这也是服务。

优化流程即从现有的流程当中发现冗杂部分，减少不必要环节从而达到提高效能、降低成本等目的。不管提供的服务或产品是什么，首先要问问自己："是不是必须得这么做？我能不能帮客户节省点时间？我能不能优化流程，省略某个步骤？"

为了给客户提供更加便利、高效的服务体验，企业需要从以下四方面着手。

第一，从时间角度考虑，及时响应客户需求，满足客户随时能够进行交易的要求。

第二，从空间角度考虑，优化信息获取渠道，重视交易场所或者服务地点的选择，考虑到客户的各种特殊需求，让客户感到便利。

第三，从服务过程角度考虑，满足客户对交易过程便利性的要求，做到交易过程简单、省时。

第四，及时解决问题，尤其是客户反馈的信息，应做到跟踪管理，确保客户能够得到便捷、高效的售后服务。

/ 微服务，心体验 /

用"极简受理"提升效能

2020年，中国电信某运营商公司在出台服务核心价值观的基础上，提出三大服务要求。

（1）客户说了算：客户的每一件小事都是公司的大事。

（2）人人为一线：任何人都有服务好一线的义务。

（3）高效干实事：流程能减就减，环节能少就少。

该公司公众事业部特别针对第3个要求成立了专项改进课题组。该课题组提出两个具体要求：最多跑一次和极简受理。

最多跑一次主要针对解决8大类8个场景跑多次的问题，并已经在该省市的各大门店进行优化。比如：

（1）优化预约拆机环节：全省启动拆机挽留程序。

（2）优化缴纳拆机费用环节：对已拆机号码增加网上缴费方式。

（3）退费方式优化：退费方式支持现金、银行账户、第三方退款。

（4）解决出账期的部分业务不能受理问题：通过

实名补登、过户、跨月续保、合同号修改等方式，确保出账期也可以受理业务。

（5）提供新装同时更改小户名^①服务：如果机主名下一证5户满了，需要办理新装或变更业务，副卡可以更改为家人小户名。

（6）解决在途单问题：在途工单无须二次办理业务。

（7）解决审批流程问题：对降档、靓号、违约金的审批流程进行优化梳理。

（8）解决主副宽同步移机问题：解决同单可以移机到不同地址的问题。

极简受理是指针对9大类20个受理场景进行优化，比如下面5个。

（1）界面优化：增加报错提示服务，增加亲情网受理专用界面。

（2）在途工单：改套餐同时可以受理另一个业务。

（3）一单受理：过户流程复杂，提供删除优惠及增值业务服务。

（4）轨迹查询：营业厅可以查询到客户的投诉单号。

---

① 小户名是指已有手机号之外再额外申请的手机号。——编者注

/微服务，心体验/

（5）解绑：减少套餐中间过程的依赖规则，以客户最终的套餐为准。

以上改进充分说明了简化流程在客户服务中的作用。说到底，企业的管理就是流程的管理。在整个流程管理中，我们要明白客户的要求，一般客户要求无非是快、正确、便宜和容易。说简单一点，客户就是需要减少时间、提升质量、降低成本、优质服务。这就需要我们对流程进行优化，减少流程中的步骤来满足客户需求。

我们可以对流程的各个环节进行分析，检查工作流程中是否存在不必要的环节与步骤；确认流程本身设计是否科学；核实执行过程中是否有人为延长了客户停留时间的行为。总之，企业要把提高效率视为优化的关键。

📁 案例

容缺容错受理，体贴有温度

2020年，番禺区政务服务数据管理局根据省、市有关优化营商环境的工作部署，参照广州市行政审批容缺容错受理办法的规定，首批梳理公布384个政务服务事项实施容缺容错受理，涉及27个部门800多份材料，推出有温度的便民服务。

1.申请材料"区分主次"，次要材料容许缺错

行政审批容缺容错受理是对基本条件具备、主要申请材料齐全且符合法定形式，但非关键性材料即次要材料欠缺或错误的行政审批事项，经过申请人做出相应承诺后，前台窗口人员先予受理，当场一次性告知需要补正的材料、时限，并同时将材料流转至后台审批人员进行审查，在申请人补正全部材料后，在承诺办结时限内及时出具办理结果。

2.补交材料"方式多样"，力争群众少跑一次

容缺容错受理是"最多跑一次"改革的深化和发展，减轻了企业、群众"来回跑、反复跑"的负担，降低了办事成本，提升了服务体验。此次改革除群众自愿到窗口补交材料外，各部门根据实际业务推出其他多种补交材料的方式，如网上提交、出具结果时提交、现场勘验时提交、邮寄提交等，在不影响业务审批的前提下，力争群众少跑一次，使广大办事群众享受到更方便、高效的服务。

3.部门采取"承诺审批"，受理开始审批计时

实施容缺容错受理的最大意义就是非关键性材料

/ 微服务，心体验 /

即次要材料的欠缺或错误，不影响案件的受理和审批。前台窗口人员先予受理，当场一次性告知需要补正的材料、时限，并同时将材料流转至后台审批人员进行审查。后台审批人员依据申请人出具的《容缺容错受理承诺书》先行开展信任审批，申请人补正全部材料后，在承诺办结时限内及时出具办理结果。一改往日材料不齐全就不能办理的传统，在提升行政审批效率的同时，为企业、群众节省时间成本。在"好办事"的同时，也为企业、群众"办成事"。

4.大力构建"诚信政务"，改革更加便民利民

探索建立行政审批"绿色通道"。在办理行政许可过程中，对诚信典型和连续三年无不良信用记录的行政相对人，可根据实际情况实施"绿色通道"和"容缺受理"等便利服务措施。

满足客户期望不能只是品牌口号，越简单、越高效的客户体验，对企业后台的支撑要求越高，需要考虑到服务流程是否顺畅，软硬件应该如何支持，人员配置和考核方式是否合理等方面。

二、问题预见

面对服务中出现的问题，大部分企业的做法都是事后总结，以开例会或者单独训话的形式，告诉各部门员工哪里做得有问题。可是当一件事情过去很久，有些细节可能被忽略，从而失去现场感。为了更好地优化服务流程，可以先预想可能在服务中出现的问题，做到未雨绸缪。

比如，无印良品的工作手册《业务标准书》和*MUJIGRAM*，把开店前准备、收银台业务、店内接待业务、配送业务、商品管理、店铺管理等全流程细节进行了细致规范，甚至每一件商品的摆设陈列、员工的装束打扮、店铺的清洁方法都做了明文规定和图片说明，让客人无论走进哪家店铺，都能体验到同样的氛围和服务。同时，基于店铺可能出现的新问题和新的解决方法，工作手册也会每月更新一次，持续完善。

所以，要做到优化流程，首先需要确定目标。你为什么要去优化，你期望优化后达到一个什么样的效果，你期望的和现实的差距在哪里。你的目标通过流程优化是否可以实现？如果可以，那就是流程优化的问题，你可以将期望描述得更加具体，甚至作为流程优化的目标。如果不可以，那么问题可能并不是或者说不单单是流程造成的，需要进行更深入的分析。

想要做到服务流程的优化，确定目标就相当于提前预见问题，想到会在哪一个环节出现问题，从而提前规避。确定潜在的问题点，设想一个更好的客户体验之旅，能帮助企业制定综合的服务策略、管理方法，同时能够为团队提供完成业务目标的新方法。

把自己当成客户，还原自己在客户场景中会做出什么行为，以及做这些事的动机是什么，在这些行为中有哪些潜在的需求，哪些地方是我们产品与客户的接触点，解决上述问题我们就可以找出可以优化的地方，进一步提炼客户需求，设计产品功能，优化客户体验。

一个好的流程并不是一成不变的，而是需要不断地把经验、教训整理出来，优化到流程里。同时，一个流程如果太复杂了，就需要考虑简化它，确保新员工能够看明白。但很多时候，我们并不知道如何改进，或者是在原有的路径上走得太顺利了，团队成员不想去改变。这时候，"预见问题"就是一个好的改进方式。简单来说，就是通过一些影响比较大的事件来反向推动流程改进，而不仅仅是考虑流程本身的内容。例如，客户反馈了一个诉求，这实际上是一个痛点，但因为涉及比较长的链路，所以普通员工改造意愿不高，这时候就要考虑将问题视为要解决的客户体验方向的问题，由专项负责的员工去推动。

在流程设计方面要有系统性思维，需要将服务的各个环节和触点梳理一遍，把服务的所有环节都考虑进去。另外，还要具备数据化思维，比如，要知道整个系统中哪个服务环节最容易出错，然后有针对性地在服务流程设计中把这个问题解决掉，这就等于预见问题。最后，还要有现场思维，服务的问题往往在场景里能够看到且更加直观。一定要去现场，不去现场就发现不了问题，更不能预见问题。

📁 案例

某省会城市机场航班取消的糟糕的服务流程

这是我的一次亲身亲历。2017年在某省会城市机场候机，距飞机起飞只有30分钟了，旅客排起了长长的队伍，忽然广播里开始播放最新消息：因为发动机出现故障，本次航班取消，起飞时间待定。人群一片哗然，旅行团里的老人没有过这样的经验，他们拥到登机口要工作人员给个说法。还有明天要参加投标的旅客，着急地询问是否还有其他航班。而像我这样经常出差的商务旅客早就对此习以为常。

整个场面一片混乱，好不容易等来工作人员带领愿意去酒店休息的旅客先行离开，在走出机场的路上，我打了个电话，结果就发现自己掉队了。我赶紧四处询问，才没错过大巴车。到了酒店前台，安顿也是个细致活，因为好多人相互并不认识，却要接受拼房的安排。此时，带队的工作人员早已离开，他的任务就是把旅客带到酒店。第二天，在旅客重新换登机牌时，有人悄悄告诉我："你知道吗，昨天你们先离开了，后面每个人领了300元补贴。"还好有人告诉我，于是我在换登机牌的时候拿到了补贴。终于可以再次登机了。然而在去往登机口的路上，一群老年人风风火火地往外冲，边跑边说：哪里在发钱，我们怎么不知道，怎么能这样呢？后来事情就变得更糟糕了。飞机本来到点该起飞了，结果这群老人没有及时回来，有人说必须等他们回来，他们不回来，飞机就不能起飞。现场乱成一锅粥，客户体验极差。

这个事情发生后，我在民航服务流程培训班中提出了这样一个问题：从流程的每个触点出发，能不能优化每个细节的关键动作和标准，避免同样的事情再次发生。于是有一个小组仅花了1个小时的时间就给出了预见问题和补救服务的标准。具体的举措如下。

（1）现场通知环节：预见到旅客的焦虑，登机口工作人员接到信息后3分钟内播出通知，5分钟内贴出告示，并协助旅客查询后续航班信息，便于旅客安排后续行程。

（2）现场安抚环节：值班经理接到报告后15分钟内到达现场做好解释工作，收集特殊情况并做出特殊安排。

（3）旅客安排环节：增设一名送机服务员，10分钟内到达登机口，穿着指引背心，手拿引导小旗子，负责把游客送到酒店安顿好。保证全程在岗，直到第二天把所有旅客再次送上飞机。该送机服务员在车上就要进行酒店入住须知的介绍，避免在前台出现入住办理的各种错误，适当照顾特殊旅客的需求。

（4）二次登机：送机服务员提前30分钟通知酒店前台叫醒旅客，保证不漏人，全部旅客再次乘坐大巴返回机场。若有赔付事宜，需在登机口逐一登记逐一发放，避免错过的旅客心生抱怨，引发现场混乱。直到所有旅客顺利登机，送机服务员才算圆满完成任务。

整个流程设计一气呵成，用思维导图呈现清晰明了，这么短的时间就能做出这样一份解决方案，既有快速响应的时间标准，又有工作人员规范着装的要求，还有情绪安抚的细节要求。一个临时岗位的增设，不仅能改变各种糟糕的体验，还大大超越了旅客的期待，真是化危为机的好方案。我忍不住夸赞道："如果能推行这

／微服务，心体验／

样的方案，我相信大部分旅客都能理解临时变故带来的不便，也会避免负面体验的发酵和传播，影响航空公司和机场的形象。"听到我的夸赞，组长有点不好意思，课后他和我聊到他就是国内某机场负责制订各种危机解决方案的专业人士，难怪他思考如此全面、缜密，那么迅速地完成作业。

　　所以，在流程设计上，我们要少讲概念、少喊口号，多多思考。当我们做出引入某一项决策的决定时，要考虑它到底能为我们带来什么。如果一项技术或一个概念不能给客户创造价值，无法带来内部效率的提升，那么这项技术或这个概念就是没有任何意义和价值的，只能白白消耗组织激情，浪费企业资源，这是要坚决反对的。如果企业能够提前预见一些问题，并且做到解决方案落地，那说明流程设计是有效的。

　　我们必须坚持使命驱动和愿景牵引，坚持以客户为中心的经营理念，坚持对新技术的务实应用，坚持务实精进，为企业推动下一步的管理变革打下坚实基础。

第三节
流程优化的两个工具
* * *

流程中的优化设计工具可以是客户旅程地图，也可以是标准作业流程图。前者站在客户视角，感受客户的情绪，洞察客户的痛点和诉求，还原真实的体验全过程，从而设计创新、改进的触点。后者则是从企业内部管理角度出发，研究每个环节内部的作业标准，制订相应岗位的行动指南，从而保证给客户带来最优的体验。在设计中结合这两个设计工具，就能系统地进行流程优化设计。

无论使用哪种设计工具，流程的重要思维应该是"目标导向、以终为始"，也就是以客户价值实现为目标，倒推流程具体该如何设计和优化。所以，流程优化设计的第一步是识别这个流程中的客户是谁，客户有哪些价值诉求。如果流程中可能有多个客户，那么这些客户的优先级是怎样的？不同的客户和价值诉求，决定了流程设计优化时的思考重点完全不同。只要深度思考和挖掘客户的价值诉求，每一个流程都会有更多的改进空间。当然，客户的价值诉求也会随着环境、时间和战略调整动态变化，所以，流程设计也需要定期进行回顾和不断优化。

流程中的优化设计离不开"客户价值诉求实现"这个目

/微服务，心体验/

标，根据这一目标寻找核心影响要素和问题差距，找到对应的流程环节进行改进。如果在流程设计优化过程中不同部门间发生了争执，那么就请回到出发点再想想，这个流程的优化设计最初想要实现的客户价值是什么，目前的流程设计能否帮助客户实现价值，这样讨论就会找到问题的症结。

流程中的优化设计是一个完整的系统、是一个链路，在这个链路上存在许多触点，这些触点就是提供者对接收者的服务点。客户体验过程可能在机场、银行、咖啡厅、医院、零售店等，服务设计应该将人与其他诸如环境、物料等融合在一起，将"以人为本"的理念贯穿于始终，这样的流程优化设计才是成功的。

一、使用客户旅程地图优化服务流程

客户旅程地图将服务过程中的客户需求和体验通过可视化流程图的形式展示出来，该地图关注的是客户的行为触点以及心理感受，由此反映出服务过程中客户的痛点并找到改进的方法。

站在客户的角度，把客户与组织之间的互动活动全部列出来，其目的是改善这些互动行为，从而提升销售与客户满意度，这就是客户旅程地图的价值。

客户体验旅程地图作为一种有效工具，一方面可以帮助人们发现体验地图中客户痛点和机会，从而进行系统优化。另一方面可以帮助人们进行"流程再造"，进行颠覆式创新，打造全新的旅程，带来革命性的体验升级。

一个完整的客户旅程地图应该包含角色、时间阶段、客户场景、客户触点、客户期望、客户情绪、客户痛点、机会点这八大关键要素。

在创建客户旅程地图时，可以使用客户叙述和客户数据来绘制客户在一段时间内的体验，通常包括他们的行为、想法、感觉，以及他们与什么互动。客户旅程地图最基本的创建流程为，首先在时间框架内填入客户的需求和行为，随后填入客户的感受和想法，当客户故事逐渐完善，再通过视觉化的方式予以呈现。客户旅程地图服务于团队交流与设计洞察。

客户旅程地图主要是用讲故事的方式来描述客户体验的过程，然后采用视觉化的方式呈现信息。

既然需要利用讲故事的方式来描述客户的体验过程，那么一定离不开故事视角。此处需要注意以下五点。

第一，确定体验客户旅程地图是以"谁"的角度开始铺设的。视角不同，导向的客户旅程地图结果也不同。比如，在酒店的场景中，可以选择服务员的视角。在创建客户旅程地图时，一幅客户旅程地图选用一个视角是最基本的原则，它可以帮助团队塑造一个精彩明了的故事。客户旅程地图应该导向真实的故事，而不是童话故事。除了收集现有的调研信息，还需要补充一些基于真实体验的研究，以弥补现有调研中还未涉及的地方。

第二，为客户旅程地图设计具体的场景。这个场景既可以是客户经历过的，其中包括好的或不好的时刻，也可以是还未发生的、需要提前规划的体验场景。在创建场景时，明确客户目标。客户旅程地图可以描绘连续的体验，比如购物或旅行。

第三，观察客户的行为、想法和感受。以外卖下单后的情景为例，观察客户的行为、想法和感受。下单后，客户有等待时间，这期间的关键触点包括外卖小哥的状态、到达商家的速度、取餐等。客户收到外卖时首先会与外卖小哥接触，包括与外卖小哥提前确定取餐的时间、地点，取外卖时的短暂对话等，这些都会影响客户对服务的整体印象。收到外卖后，客户对食品包装的印象，对餐品的预期是否满意，等等。这些就是客户旅程地图中提到的行为、想法和感受。

第四，记录客户与企业的各个接触时间点以及接触的渠道（包括服务提供的方式，比如是提供线上服务还是线下服务）。这些元素在客户旅程地图上都非常重要，因为它们可以体现企业品牌打造的差异性，以及体验中的触点设计好坏。梳理客户在每个节点下的体验结果，根据前期的客户需求进行分析和洞察，把客户在每个节点的体验评价、情绪和痛点用不同颜色的笔写在相应的节点下。

以打车服务为例，这包括客户发起乘车请求后、付款时以及对司机进行评价。触点一是等待时间，等待时间过长是造成客户体验较差的原因之一。触点二是进入车内，师傅是否亲切友善，是否与客户确认目的地，车内环境是否整洁无烟味。触点三是司机是否按照导航路线指引，没有故意绕道。触点四是司机是否将客户安全送达。

标注出这些触点，并想办法优化。在服务设计中调度附近的车辆，减少客户的等待。如果司机抽烟，乘客上车后就会体验不好。司机看到乘客携带笨重的行李箱却不愿意下车主动帮乘客放好行李，乘客会感觉司机态度冷漠。如果乘客到了目的地下车时，司机忘了提醒乘客带好随身物品，乘客也会埋怨司机不够贴心。以上可能造成不良体验的触点应该精心地去优化，避免类似的情况发生。

第五，发现漏洞及时采取优化行动。 发现客户体验中的漏洞后（尤其是全渠道历程），应该立刻采取必要的行动优化体验。客户旅程地图上应列出所有在创建过程中洞察到的需求，将客户旅程地图不同区块的主导权予以分配，使每一个区块都有明确的负责人。如果没有主导权的分配，也就不会有相应的责任人来改变任何事情。邀请不同团队的利益相关者一同

/微服务，心体验/

交流合作，分析与创建客户旅程地图。不要急于可视化，要抵挡住直接美化或视觉化的诱惑，因为这样容易导致客户旅程地图中看不中用。在开始美化之前，要确保信息已经收集完整，并被充分理解。

那么，如何创建客户旅程地图并对其进行优化设计呢？

我们可以通过以下4个步骤来发现客户需求并设计服务，简单来说就是解读、追踪、记录、优化。

第一步：解读并分析客户及其需求和想要获得的体验。

在实际的客户旅程地图使用中，客户分类如下：

（1）性别：男性、女性。

（2）客户的年龄分段：少儿、青少年、青年、中年、老年（69岁以上）。

（3）客户的职业身份：白领、创业者、企业高管、公务员、老师、医生等。

（4）客户的家庭结构：夫妻家庭、核心家庭、主干家庭、联合家庭等。

（5）客户所在地区：一线城市、新一线城市、二线城市、三四线城市等。

客户需求解读如下：

（1）底层体验：安全感、快捷感、可依赖感、可操控感。

（2）中层体验：快乐感、舒适感、温暖感、尊崇感。

（3）顶层体验：成就感、荣耀感、参与感、沉浸感。

第二步：追踪客户与企业的交互时刻。

交互时刻也就是触点，触点包括人与人（客户与服务员工）、人与设备（手机、自助机）等，交互渠道包括线下、线上。有些触点对客户影响较大，比如在酒店无序的入住环节、银行排队等候的环节、景区门口烦琐的验票环节等。

企业需要考虑客户和企业之间交互时的所有潜在接触点。这样，企业就不会错过任何倾听客户意见、提供让他们满意的服务的机会。

服务设计中，企业可以列出现有接触点，包括线上、线下的，这是创建客户旅程地图的重要一步，它可以带你感受全貌，理解客户现有操作，从而了解优化客户旅程地图的难易程度和目标。

第三步：记录、理解客户关键触点的感受。

收集客户之声，发现客户旅程中的痛点。可以暗访，可以采访客户，也可以整理来自客服中心的信息：客户在体验服务的全过程中哪些部分或过程产生了疑问？客户主要在哪个环节开始抱怨（导致客户流失）？为什么客户流失了？通过思考这些问题，了解客户痛点在哪之后，我们就可以在客户旅程地图上标注出来。

聆听一线员工之声，还可以发现客户旅程中的点赞点。

/微服务，心体验/

哪些环节得到了客户的好评？哪些服务得到了客户的一声谢谢？哪个环节会让客户发自内心地去写下一段文字来分享他们愉快的经历？这些点赞点同样值得企业去记录、去推广。

第四步：提升客户体验，提供更好的服务。

通过以上4步，发现客户的需求并解决痛点，确保让客户拥有好的体验，这就是客户旅程地图的绘制目的。

在客户旅程地图设计的过程中，有3点注意事项：

（1）重视客户体验的内容，而不要过多关注时间。因为影响客户体验的重要内容往往是客户旅程地图中的内容，企业无须一味地追求缩短客户等待的时间、提升服务质量，还可以另辟蹊径，考虑如何通过合理安排服务的内容来提升客户的体验。

（2）重视正面体验和客户感兴趣的内容。客户在体验过程中会经历无数个片段，对于一些客户比较感兴趣、能够全身心投入的并且能够给其留下深刻印象的触点，企业可以将其分解为多个片段，从而加强客户的认知，给客户留下深刻记忆。

（3）弱化一些不太好的、负面的体验。对那些可能给客户带来不愉快体验的事件或活动进行删减，整合烦琐的环节，或者对其流程进行重组，力求消除客户不愉快的体验，弱化客户的负面体验。

某物业通过观察小区的服务对象进行客户旅程地图优化

观察对象：小区里的空巢老人

观察时间：2021年7月

观察地点：海口某中高端品质社区

具体场景：早起出门晨练、买菜回家、物业上门关怀、入户安全检查、健康义诊、中午午休、到物业缴纳费用、晚上参加文化活动、跳广场舞、安心睡眠等场景。

关键触点：和物业服务产生连接，包括对环境的体验，和管家面对面的接触，和保安人员、保洁人员匆匆而过时的接触以及可能会发生的电话沟通，提供线上服务等。

观察感受：该楼盘节假日特别热闹，全国各地的业主都会回到海口度假。与之形成反差的是该小区平时非常冷清，社区里多是留守小区安享晚年的老人。因此空巢老人是物业服务的主要群体。老人生活有以下不便之处：老人买菜回家，提着重物，从小区门卫处到楼栋，有一段长长的路程，老人走进来比较吃力。家里水电气的使用安全特别让异地的家人不放心。如果老人长期独自在家，身体出现问题，异地的家人也不容易发现。午休时刻，隔壁楼盘进行施工，噪声影响老人正常生活，这个月老人来物业投诉过多次。下午，老人到园区会所聚聚，聊聊天，不过因为老人来自天南地北，现在还不太熟悉。晚上，老人会在门口广场跳广场舞，之后慢慢走回家，结束一天的生活。

优化行动：

（1）物业在门口设置电瓶车接送买菜回家的老人到楼栋门口，保安或管家在早上8点到9点加强楼栋巡逻，主动帮忙提重物并陪伴老人上楼。

（2）小红帽爱心服务队每周定期上门入户检查老人的家用水电燃气设施。

（3）联系社区卫生站，登记老人的档案信息，视老人身体情况而定，每周、每月或不定期为老人做免费身体检查，并每月在小区内组织中医坐诊，让空巢老人感受家门口就是医院的便利与安心。

（4）客服管家完善业主的生日信息，提供生日关怀服务。老人的孩子只需提前一周登记，在老人生日当天，会由管家上门，代表远在他乡的儿女为老人唱生日歌，送生日蛋糕，表达生日祝福，并且拍下现场庆生的场景，制作小视频，发给老人的儿女，弥补家人不能团圆的遗憾。

（5）物业中心在会所定期组织不同主题的老乡会，搭建老乡平台，增进老人间的了解。提前购买一些老人家乡的特产请老人品尝，让老人感受到家乡人一般的关怀。

二、标准作业程序优化服务流程

流程优化的第二个视角是企业管理视角，即使用SOP（Standard Operating Procedure，标准作业程序）来优化。SOP是指将某一事件的标准操作步骤和要求以统一的格式描述出来，用来指导和规范日常的工作。其3个阶段分别为：标准制定阶段、执行阶段、保持阶段。服务流程标准量化便于对各岗位服务水准进行考核，其最终目的是将优秀的服务提供给客户，让优质的服务质量得以长期保持。

SOP的使用便于员工做好为客户服务的每一个环节，不产生遗漏，从而保障和提高服务质量。有了SOP作为工作指导，不仅使员工在岗前和岗中接受培训变得有效和简单，而且使员工在服务工作中能够更清晰地懂得"为何做""做什么"和"怎么做"。这既保证了服务工作流程不偏离轨道，又能大大提高服务工作效率。

多年前，某航空公司尚未制订SOP流程，于是发生了在起

/微服务，心体验/

飞的时候飞机忘了收轮子的情况，结果驾驶员不得不迫降飞机收轮子。究其原因发现是工作人员忘记拔插销。这两次起飞和降落，烧掉了600磅航空汽油。然而，最重要的还不是汽油问题，而是乘客受到了惊吓。从那以后该航空公司专门针对拔插销和插插销写了详细的SOP：拔插销之后，工作人员要后退15步，手举起来，驾驶员看到后也要举手，表示看到了，工作人员的手再放下。从此以后就再没有人忘记拔插销。

SOP主要可以解决两种问题：

（1）使做事目标和流程更加清晰，提升效率。尤其对于新人来说，被分配了一系列工作后，如果没有一个流程标准指导，那么就可能出现每天坐到办公桌前一头雾水，或是事情一多就会经常忘事的情况。此外，工作的目标和流程都不是特别清晰，会导致效率低下。这是SOP能帮助解决的第一类问题。

（2）确保管理工作有序开展，让新人快速上手。这对于中级以上的运营者来说帮助很大。如果你要带队伍，新人刚入职不好带，哪怕你一件一件事情去讲，新人也不一定能完全记下来，这个时候如果能有一个SOP就容易多了。假如你给新人一个SOP的话，哪怕这个新人之前没有什么经验，只是照着SOP开展工作，至少也能把这项工作做到70分左右，这就是SOP的价值。

如何制订SOP呢？共有以下3个步骤：

①先制订流程和程序；②确定每一个需要做SOP工作的执行步骤；③套用公司模板，制订SOP。

确定执行步骤是制订SOP中的重点，必须确保步骤简洁、明了，让人一看就懂，一看就知道怎么操作。SOP需要达到的效果是一个新人一来就可以独立操作且确保服务质量合格。SOP中各流程需要确定人员，这样可以避免班组长每天对人员进行分配，员工每天上班前知道自己要做什么准备，并且可以更熟练地完成本职工作。这样做既可以节约时间，又可以保证质量。

由于SOP本身也是在实践操作中不断进行总结、优化、完善、持续改进的产物，在这一过程中SOP积累了许多人的共同智慧，因此相对成熟，能够提高做事效率。如果每个SOP对相应工作都有帮助，那么企业整体运行效率必然提高。如果每位员工都可以按照SOP的相关规定来做事，就不会出现大的失误。即使出现失误也可以很快通过SOP进行检查，发现问题并加以改进。同时，因为有了SOP，保证了日常工作的连续性和相关知识的积累，无形中也为企业节省了管理成本。

比如，有一家餐厅严格按照SOP标准来执行，一个客人正在点餐，一个年轻的服务员在一旁服务。突然，旁边的客人不慎将一个玻璃杯蹭掉了，杯子摔在过道上并碎裂一地。这位服

/微服务，心体验/

务员显然有点不知所措，她看了一眼破碎的玻璃杯，又看了一眼正在点餐的客户，不知道该怎么办。这时候她有两个选择：一是继续提供点餐服务，但破碎的玻璃可能会给其他客人带来危险；二是先整理地面，但服务就会被打断。最终，这位服务员选择在向点餐客人询问并得到允许后，一路小跑到后厨拿来了表示危险的"小黄牌"放在过道上，然后开始收拾碎玻璃。

其实她的处理已经很不错了，因为她将SOP流程中的"安全"放到了首要位置，并且在行动前获得了客人的理解。但是，这仍不是一个最好的解决方案。因为在她跑回后厨的过程中，仍然可能有客人踩到玻璃上——这是一段完全没有任何服务保障的"真空期"。因此，更好的做法是，在得到客人的首肯后，先就近搬一张椅子放在碎玻璃上面，向所有人提出警示、提供保护，然后再到后厨拿出"小黄牌"和清扫工具。

所以，任何一段服务流程，如果仔细地进行分解、反思，可能都会有更好的选择和替代办法，这就是需要动脑筋的地方。如果一味地遵循惯例，不思进取，那么企业竞争力就会下降。这也是考验企业在使用标准流程时能否兼顾统一性和灵活性。举个例子，很多酒店其实用不着放4个枕头，尤其是遇到本身不习惯枕头多的客户，要灵活变通，尊重客户的习惯，而不是为了执行SOP流程而使服务变得僵化。

好的服务要求我们不仅要去"做"，更重要的是要去

"想"、去思考，按照价值观的排序不断筛选更优质的服务流程，在有限的资源内达成最好的结果。思路并不复杂，但做起来很难，需要企业的每位管理人员根据企业特点进行深入的思考。

🔍 **案例**

重庆燃气集团股份有限公司开通燃气服务的SOP流程

为着力优化营商环境，进一步提升服务质量和水平，2019年重庆燃气集团股份有限公司通过了《"放管服"改革提升服务水平实施意见》，要求如下：

以客户体验为核心，以问题为导向转变服务理念，提升服务水平。压缩服务时限，优化服务环节，创新服务机制，改善服务体验，简化办理手续，执行服务新标准，推行内外流程串联改并联，把贯彻"放管服"改革向纵深推进。努力实现从"多头找部门""多次办理"变成"一个窗口""一次办成"，让客户"只进一扇门""最多跑一次"。

一般非居客户报装业务18个工作日办结率100%，居民客户通气点火业务3个工作日办结率100%，一般故障报修3个工作日办结率100%，有效投诉7个工作日办结率100%，咨询事项当日回复率100%，力争3年内一般非居客户报装时限在现有基础上压缩2/3以上，3年内线上服

/ 微服务，心体验 /

务事项办理率60%，5年内线上服务事项办理率100%，服务质量长效机制建立率达到100%。为此该公司制订了翔实有效的SOP服务流程，以申请通气为例：

（1）档案建立阶段：收集用气地址信息，交付客户服务管理站或大宗客户服务部。

（2）申请通气阶段（审核客户通气资料）

1）责任岗位：客户服务管理站。

2）服务标准：一次性告知客户需要提供的资料。

3）投诉点：①工作人员未一次性告知客户所需手续；②通气手续烦琐，必须提供纸质的通气资料，不提供复印服务；③首次办理通气业务必须到柜台办理。

4）改善点：①工作人员必须一次性告知客户所需手续，通过柜台、网站、微信等渠道公示通气所需资料；②简化通气手续，提供复印服务，确保客户可以从微信等渠道提交电子版的通气手续，电话申请通气，使客户足不出户办理通气申请业务。

（3）上门通气阶段

按照国家技术标准进行通气验收，确保用气正常。

1）责任岗位：客户服务管理站或维修工。

2）投诉点：①服务态度差；②未带齐工具，未按标准着装、佩戴工作证；③工作人员存在"吃、拿、卡、要"等情况。

3）改善点：①学习服务礼仪和客户沟通技巧与要求；②按要求携带工作时候需要的工具，规范着装，验收完成后清理干净工作现场；③将因"吃、拿、卡、要"行为引发的客户投诉列为重大投诉，情节严重且影响较大的，由公司相关职能部门直接介入调查处理。

（4）通气完成阶段

完善通气信息，录入营销系统平台，客户信息资料存档。

1）责任岗位：客户服务管理站业务办理。

2）投诉点：①未如实录入通气时间，未达到通气要求；②客户投诉超过通气服务承诺时限；③未一次性告知整改内容，无据可查，造成工作被动。

3）改善点：抽查电子工单录入情况，通过回访调查工作人员入户时间、服务态度、专业技术等情况，核查工单真实性。

通过以上燃气通气服务SOP流程的制订，各环节各岗位严格执行服务标准，避免服务投诉，在提高服务效能的同时，提升客户的幸福感。

/ 微服务，心体验 /

某酒店SOP流程的"ABCDEFG"法则

A：Away with the old.（丢弃已用过的物品。）需要做到：①清理垃圾及清空垃圾桶；②检查空房间是否有客人遗留物品；③收取脏杯子；④撤走床上用品、浴室浴巾毛巾。

B：Bed.（床铺。）需要做到：①铺床；②确认床上无污渍、无头发。

C：Cleaning Chemical.（清洗剂清洁。）①冲洗马桶；②淋浴间所有设备均需喷洒清洁剂。

D：Dusting.（除尘。）①所有家具除尘；②衣柜除尘；③检查吹风筒、电视机遥控器、闹钟、灯及电话是否有灰尘。

E：Everything in the Bathroom.（清洁浴室各个角落。）①清洁洗浴间；②确保浴室里没有头发，没有污渍。补充干净的毛巾、杯具等。

F：Finish the Bedroom.（整理卧室。）①补充房间杯具；②补充印刷品及咖啡、茶饮物品，吸尘。

G：good to go.（走的时候再次确认。）①再仔细查一遍，确保房间内东西都准备妥当；②记录房间清洁时间和状态；③确保房间房门关闭。

SOP是写给员工看的，一份好的SOP是所有人都可以看懂的，即使是打扫卫生的清洁工也能够看懂。

SOP应该包含从动作开始到动作结束的全部环节，中间的每一个动作都要有详细的说明，每一种不良现象都要有纠正、解释的图片。只有详细的定义，才能让所有的员工看得懂，不会有任何的疑问，才能按照SOP作业。

SOP中的每一个流程、步骤、定义都要有依据，不是制订SOP的人随便定义就可以的，其中最基本的一点就是要考虑员工作业的适用度。

制作SOP有哪些注意事项呢？主要包括以下3方面。

第一，起草一份通用的SOP不是一个部门或一个服务领域的事情，而是整个公司的多个部门共同参与审核和协商的结果。要集中资源，多方配合，在前期投入大量的精力。

第二，SOP的制订要顾全整体和大局，最终的目标是为客户服务。列出一个详尽的SOP清单，避免有遗漏、交叉，避免没有落实到字面上。有些老员工或领导会传授一些他们工作中积累的经验，但在查看SOP的时候，并没有文字及图片说明。这个一定要避免。万一有经验的员工离职，这些经验也会被带走，万一言传的过程出现偏差，经验传达也就出现偏差。因此要严格按照规定流程办事，实际操作过程中没有只可意会不能言传的东西。

第三，SOP流程尽可能详细并可视化、形象化，有些东西你不规定出来就会出现偏差，只要你规定得足够详细，有一定认知能力的员工就不会出现问题。从表现形式上来说，视频＞图像（三维）＞图像（二维）＞图表＞文字。在SOP的内容表述中不要局限于文字，有视频附件的尽量带视频附件，有三维图形解释标注的一定要每步都做好标注。尽量多画图、配实物图，不要以自己的理解去制作SOP。把培训的员工想象成一个对操作一窍不通的人，从而降低SOP理解难度。

第五章

小景大爱之场景设计

第一节

打造四大峰值时刻

* * *

一、惊喜时刻

前面我们讲的是细节、微流程，现在我们开始设计微场景，从点到线到面，在场景里融入精心设计的体验，让被服务的客户获得美好的体验，并留下难忘的回忆。为此我们需要设计4大难忘体验，打造一个个独一无二的时刻。

让我们先从惊喜时刻开始介绍。什么是惊喜时刻呢？就是出乎意料的快乐体验。这样的时刻值得细细品味，也让我们感觉兴高采烈、动力满满。每个人一定有过这样的体会，令人感到欣喜的人生关键时刻永远珍藏于内心深处。相信在孩子高中报道的那天，对于每个家庭来说都特别重要，父母陪着孩子一起来到学校。明媚的阳光，漂亮的校园，可亲的老师，还有青春阳光的高中生在操场奔跑。教学楼的尽头，一字排开所有老师信息的彩图展架，每个老师的名字、教学特点、生活爱好、对孩子们的寄语，都详尽地写在展架上，家长和孩子们看得格外认真，一一记录。教学楼下有给新生特别准备的打卡点，打卡点上写道："成为高中生的第一天打卡，我既拥有稚气以及纯粹的执着、幻想、希冀，也拥有不畏试错的勇气，我将成为最优秀的八中人。愿我万事顺遂，前途光明！"

这个打卡点吸引了很多孩子排队打卡，拍照的瞬间，我想他们的家长都会好好保存这段记忆，因为这意味着孩子的人生开启了新的篇章：奋斗、成长、迷茫、希望、收获，这三年将会给每个家庭、每个孩子带来不可预测的未来，不论兴奋还是忐忑，新的校园生活都在这一天拉开帷幕。所以，学校才特意为新生准备了这样的拍照打卡点，为孩子们送上了祝福（图5-1）。

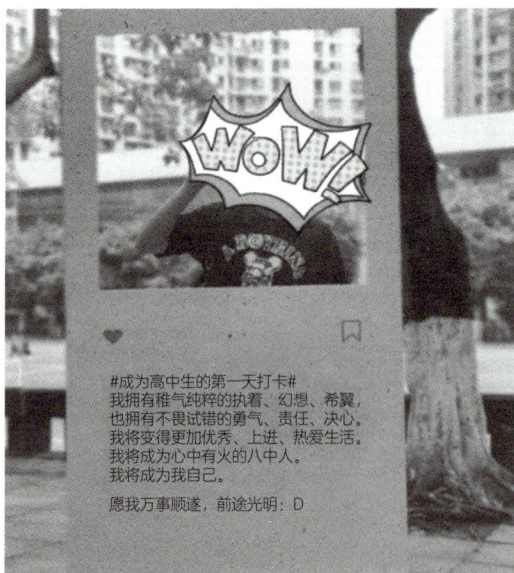

#成为高中生的第一天打卡#
我拥有稚气纯粹的执着、幻想、希冀，
也拥有不畏试错的勇气、责任、决心。
我将变得更加优秀、上进、热爱生活。
我将成为心中有火的八中人。
我将成为我自己。

愿我万事顺遂，前途光明：D

图5-1 高中入学打卡惊喜体验

/微服务，心体验/

惊喜时刻就是超越平日普通体验的一种感觉，这个时刻值得人们细细品味，也让人们兴高采烈，甚至会感动和充满幸福感。处在这个时刻，人们一般会感到专注、享受、惊喜和干劲十足，所以即使在过了很久以后，还会留有深刻的记忆。

　　重要的社交活动中可以设计这样的欣喜时刻，比如丈夫为妻子刻意安排的生日派对；企业为员工安排的退休庆典；部门为新员工准备的欢迎仪式；父母为孩子准备的成人礼；浪漫而又别出心裁的婚礼，等等。这些都属于惊喜时刻。

　　增加刺激性和打破既有流程，都是为了制造惊喜感，具有挑战性的事情和平淡的任务相比更有刺激性。为什么那些进行体育训练的人每天训练特别辛苦，但是却特别有动力，而在校学习的学生其实没有他们辛苦，却常常疲惫不堪呢？因为体育训练过程中会添加比赛项目，而学习的日子太枯燥，没有额外的趣味性项目。虽然学生有考试，但是考试没有观众，无法颠覆学生对平淡的学校生活的预期。

　　那么，我们能不能像比赛给观众带来刺激感那样，为客户打造更多的惊喜时刻，从而提升客人体验呢？答案是肯定的。刻意设计一些环节给客户留下深刻的印象，提升感官享受的情景在生活中很常见，例如婚礼中的鲜花、音乐和舞蹈；年会、毕业典礼、私人派对上的着装要求。这同时带来了一种仪式感，让某一时刻与其他时刻不同，让人重新审视和重视某件事。如果要为客户打造值得铭记的时刻，就必须打破原有流程和预期来制造惊喜，比如淘宝并未事先张扬的清空购物车奖励活动，就是非常令人意外和难忘的惊喜时刻。

打造惊喜时刻一般有3种方法：①提升感官享受；②增加刺激性；③打破脚本。

第一，提升感官享受就是刺激客户感官系统，将现实世界的"音量调高"，使人们的听觉、味觉、触觉、视觉等感觉的体验超出寻常。例如婚礼上精心准备的茶点，结婚纪念日的一顿大餐，精心烹饪的一道美食，等等。在《行为设计学：打造峰值体验》一书中，介绍过这样的惊喜设计：

人们对魔术城堡酒店的评价好得惊人：在"猫途鹰"上的2900多条评价中，超过93%的客人对这家酒店的评价为"非常好"或"很好"。

那么，它是如何跻身洛杉矶最受好评的酒店之列的呢？

让我们从固定在游泳池边的那台樱桃红色的电话机开始说起。你拿起电话，对面有人应声："你好，冰棒热线。"下好单一分钟后，一位戴着白色手套的工作人员便会将樱桃、橙子或是葡萄口味的冰棒用银色托盘盛着，来到游泳池边，免费送到你手中。

这家酒店还有可供免费下单的小吃菜单，从奇巧巧克

/ 微服务，心体验 /

力、根啤到奇多玉米条，应有尽有。另外，酒店还有一份棋牌类游戏选单和DVD光盘选单，全部都可以免费借取。一周有三天，魔术师会在早餐时分表演魔术。我们有没有提到你可以让酒店免费清洗衣服，不限次数？衣服会在当天稍晚时归还给你，裹在厚厚的包装纸中，还用麻绳捆扎好，并附上一小枝薰衣草。这阵势，可要比医生把你的第一个孩子交到你的手中时的场面有排场多了。

看到书中的描绘，大家是不是和我一样心驰神往，并且希望我们国内的酒店也能有这样的小惊喜。这样的小惊喜无论大人还是小孩子都会特别喜欢。实际上，惊喜时刻不是针对所有的客户去动脑筋，改善服务，而是要针对那些本身体验感就不错的客户来进行。

在日常客户服务中，假设我们把客户满意度7分定为满分，大部分客户会集中在4分这个位置，少量客户会打1~2分或6~7分。根据行为学的研究和数据统计，服务提供商通过改善服务把4分客户引导到7分比把1分客户引导到4分产生的商业价值大得多，因为人们通过满意度的提升带来的回报会形成更加陡峭的上升曲线。现实中，大部分企业花大量的精力去提升处于1~2分的客户体验，将其提升为4分，但之后并未带来超值收益。人们往往更加关注弱势群体或者弱点，想改善的也是这些部分，但是行为心理学告诉我们，提升感官享受可以给客户带来峰值体验，越高峰值体验的客户带来的价值越大。

比如西南航空公司案例值得我们借鉴，美国的西南航空是一个着力提升客户满意度的公司，越是感到满意的客户越能享受更多的服务，享受更多的服务后会更加满意，从而增加消费次数。

所以，提升客户满意度除了要有创意的点子，还要把更多的精力放在"本身就对服务比较满意"的客户身上，那样才会形成"高满意度——换来更好的服务——更好的服务带来更佳的体验——更加满意带来口碑裂变"这样的正向循环。

第二，增加刺激性。这个刺激性指的是增加一些压力，从而促进激动、兴奋、紧张等情绪的产生。当我们参加比赛的时候，你或许会忘记比赛的内容、比赛的对手，但是却会记得自己有多紧张和自己取得的成绩。提到刺激我们能想到什么场景呢？两队比赛，场面往往既激烈又精彩，从而容易留下深刻的印象。所以，有对抗的地方容易增加刺激性，普通的活动只要增加了对抗则会变得更加刺激和深刻。

/ 微服务，心体验 /

培训前的辩论赛，让课程更生动有趣

　　某大学的经管学院专门为某大型国企的中层管理干部开设了一堂《服务创造价值》的课程。在开课前，主办方特意设计了课前半小时辩论活动，辩题是《客户体验与业绩增长的关系》。正方观点为客户体验设计与业绩增长呈正相关，反方观点为客户体验设计与业绩增长呈负相关。正反双方围绕体验带给企业的价值增收与成本增加展开了激烈的讨论。正方的辩手倡导体验时代，体验就是核心竞争力，忽略体验，势必会带来客户的流失和业绩的下滑，并列举各行各业体验制胜的代表企业如星巴克、海底捞来说明体验的价值。反方辩手则辩证地看待体验带来的服务成本的增加，如果因为创造不一样的体验，而让企业投入大量的物力、人力成本，这样的体验很难坚持下来，客户也会因为体验的落差抱怨企业，企业也很难持续增长。反方也列举了失败的案例，指出体验的一时新鲜，并不能给企业带来持续的增长。正反双方唇枪舌剑，但又不失友好风度，观赛的同学也掌声不断，直到主持人叫停，辩论才停止，大家还觉得意犹未尽。最后再由企业领导和老师共同点评结束了此轮辩论。这次培训，因为增加了半小时的辩论环节，让枯燥的课程变得生动有趣，还引发了大家对本次课程的深度思考：体验和成本到底如何均衡，才能创造双赢的价值。当然，课程最后给出了答案：体验绝对不是依靠大量的人力、物力堆砌而来的，体验设计需要最敏锐的视觉，最快速的反应，最用心的设计，最小的行动代价来实现，低成本高感知的体验设计才能创造双赢。

第三，打破脚本。脚本是指人们对某种体验的预期，而打破脚本就是要打破人们的预期，使人们获得意外惊喜。观察每个人的一生，大部分时刻都是平淡的，我们会忘记昨天吃了什么、上周做了什么，可是每个人绝对都会期待在生活里发现一些"彩蛋"。简单理解打破脚本就是重视战略思维，颠覆客户的体验预期，从而产生破旧立新的效果。同样的服务活动，在流程和体验上大体都是一样的，以至于我们在参与同样的业务活动前，就能够预期到流程和体验会如何展开，因为我们已经熟悉了业务活动的惯例脚本。既然存在脚本，那么在打破脚本前，我们就必须先理解脚本，理解这个场景下的客户预期。比如我们去咖啡店买咖啡，在这个场景下的脚本就是"客户点餐然后付款，门店制作咖啡，客户自提离开"。理解了脚本，我们就可以对症下药去打破脚本。还是上述买咖啡的

/ 微服务，心体验 /

例子，我们是否可以打破脚本，比如设计一个随机使一些客户下单后免单的环节或活动，即给这些随机的幸运儿免费品尝咖啡的机会？或是提供上门送餐服务，不需要客户亲自跑一趟？

一次没有脚本的临场脱口秀，全程调动观众的积极互动

脱口秀是一种谈话节目，一种由观众聚集在一起讨论主持人提出的话题的广播或电视节目，类似单口相声，具有松散型和幽默型的特点。脱口秀的剧场空间不大，观众围坐在一起，5分钟到10分钟针对一个话题吐槽，笑点密集，内容接地气，从而引发大家的情感共鸣。或喜笑颜开，或捧腹大笑，短短的90分钟，观众能感受到些许的放松，这就是脱口秀的魅力。

国庆期间，我们在上海观看了一场短打喜剧脱口秀。常规的脱口秀段子，包括吐槽大龄女性被催婚的烦恼，让观众笑声不断。更能调动观众参与的是第3个节目：破案现场猜词。主持人请观众临时抛出3个词，比如镜子、绣花鞋、手掌印，这3个词需要不在场的演员来猜出。两位演员进入现场。这是一个破案现场，

置身场景中，二人需要对破案现场进行描述，说出这3个词就算任务完成。这个节目没有脚本，演员需要设想场景中发生的事件，逐步接近真相。观众也需要专注的互动，如果演员的描述接近真相，就用"呜"的声音来提示演员；如果描述方向完全错误，双手就在胸前比"×"，告诉演员描述跑题；如果演员准确说出这个词，大家就报以热烈的掌声。巧妙的互动设计，没有既定脚本的未知感，带动了全场观众和演员共同探索，当演员逐一猜出这3个词时，观众兴高采烈，掌声热烈。此时的掌声既是对专业表演的赞美，更是大家共同完成了一次挑战后的自我认可。

演出结束后，观众准备离开，这时主持人请大家留步，拿出手机，面对面加群抢红包。原来最后一个环节是赠送今天的门票礼包，手气最好的观众可以得到一张免费的门票，当然抢到几分钱的观众也开心收下。摄影师抓拍了一张大家抢红包时轻松惬意的瞬间作为纪念，之后观众才意犹未尽地离开。

正如一场精彩的脱口秀表演，打破脚本是新鲜又随机的，因为这些操作一旦被常规化，客户就不会产生超预期的感觉，反而失去了打破脚本的魅力，从而不再能持续地给客户带

/微服务，心体验/

来峰值体验。所以打破脚本，我们需要加入随机性因素，增加积极变量，营造新鲜感。

通过提升感官享受、增加刺激性、打破脚本3种方法打造峰值体验的惊喜时刻，客户会留下深刻记忆，而企业也可以创造更大的商业价值。日常比较容易实现的方法是提升感官享受和增加刺激性，但是真正具有战略思维的是打破脚本思维，日常工作中我们也应该多多练习。

惊喜时刻可以安排在一开始或者结束的时刻，因为这两个时间点可以让人们有更深刻的体验，这两个原来就比较容易让人记住的时间点，如果增添了惊喜，就会成为决定性时刻，人们都会记住这些时刻。

二、荣耀时刻

如果说惊喜时刻让我们超越了平淡，那么荣耀时刻则记录了我们最光彩的时刻。展现勇气，获得认可，甚至战胜挑战。毋庸置疑，获得荣耀的时刻一定是我们最高峰体验的时刻，这也是我们每个人追求的极致体验。在这一时刻，我们会神采奕奕。比如，考试考了第一名，完成了一个困难的工作获得了领导的表扬，打游戏获得勋章或头衔，等等。这些都是荣耀时刻，理论上这些时刻都是可以规划，并设计出来在合适的场合展示的（当然需要努力才能获得）。

比如，日本的很多旅游景点、博物馆、火车站、地铁站都会有纪念章售卖，每个地方的章都有自己的地方特色，很多游客也非常乐于去各个地方收集这些印章。实际上，印章没有任何用途，即使收集齐也没有任何奖励。为什么人们愿意收集这些"无用"的印章呢？很大的原因是集齐所有印章是一项"任务挑战"，人们通过完成这项收集任务，得到的是满满的成就感。

再比如，克里斯·巴比克和唐纳德·卡门兹着手打造了"高三学生签名日"的活动。活动中每一位即将毕业的高三学生都会站上讲台宣布他们理想的大学并展示所选大学的校徽或旗帜。之后，这些学生会在家长的陪伴下签署大学录取通知书。整场活动中，高三学生的脸上都洋溢着自豪，而参与其中的家长也为之动容。更可贵的是，这场活动激励的不仅是高三学生，对低年级学生来说也是莫大的鼓励。一位六年级的学生就曾在心里默念："我的家人还没有上过大学的呢，我想要登上这个讲台。"而在6年后，她真的登上了这个讲台并大声说出了自己的心仪大学。登上讲台的荣耀感激励着她，促使她产生"我也可以"的认知。高三学子在宣誓后与家人一起签署录取通知书则加强了父母、孩子、学校的连接感。

那么，如何打造更多的荣耀体验时刻呢？打造这一美好的时刻有3种方法：①激发荣耀的感受；②多设里程碑；③鼓

/ 微服务，心体验 /

励参与，给予认可。下面我将逐一展开介绍。

1.激发荣耀的感受

认可能够带来荣耀时刻，在商业活动中，如果能激发客户内心的荣耀感，那么客户也会珍惜这份荣耀，甚至传播这样的体验。

案例

让客户为自己的付出感到荣耀

某股份银行员工叶丹（化名），在小景大爱的课堂中提出：交付保险合同是非常重要的关键时刻，每次签完保险合同递交给客户的时候，总觉得沉甸甸的20年重疾保险合同背后，是客户为家人打造的可以遮风避雨的港湾。可是，如此重要的时刻，也就是签字装订，然后装进文件袋递给客户，客户并没有荣耀的体验感。

于是，叶丹在课后开始设计保险合同交付时的仪式，期望通过简单的服务设计让客户一家人感受到满满的幸福。她们在网上购买了精美的礼盒，设计了一张张爱心卡片，亲手写下了她们对客户的祝福："购买保险的客户都是健康长寿的客户，祝福您及家人一生健康，这份保单将会保障、陪伴你们的一生。"

等客户来到网点，她们会邀请客户来到VIP室，递上装有合同和爱心卡片的保单礼盒，让客户亲手打开，就像打开一份礼物一样。她们会请同事帮忙拍下递交保单的照片，并真诚地送上她们的祝福（图5-2）。

图5-2　保单礼盒

简单的仪式给了客户不同寻常的体验，第一个收到礼盒的张先生非常激动地对她们说：谢谢你们，为自己的妻儿买上这样一份保单，是我对她们20年的承诺。这份合同我会摆放在书架上，这是我们全家幸福的保障。

保单的交付既是承诺的兑现，更是爱的表达。收到

／微服务，心体验／

保单礼盒的客户也认为这是一件非常有意义的事情。有客户主动分享了此事，甚至还推荐了自己的亲朋好友购买重疾保险。

2.多设里程碑

人们对于里程碑式的时刻天生就有渴望感，因为里程碑代表着荣耀。我们先拿跑步举例。如果你是一个不爱跑步的人，怎样才能让你爱上这项对健康十分有益的运动呢？一个叫克拉克的年轻人发现，在跑完5000米后，人们会适应跑步的感觉，并且会产生类似于上瘾的快感。5000米不就是一个里程碑吗？克拉克把这个创意应用到了计步软件C25K（里程碑后来变成了25000米）中。这让克拉克拥有了几十万的客户和数不清的感谢信。与"抽空看看"相比，这个方法可靠在哪里呢？因为在达到终极目标的过程中，你为自己设置了一个又一个明确的关卡，这些关卡就如同一个又一个的里程碑。当你升级过关之后，"荣耀时刻"带来的喜悦与满足，自然会推动你往下一个里程碑攀登，最终让你实现目标。

里程碑的本质是"阶段性目标"，或是"子目标"。在客户的一段业务活动中，完成活动是终极目标，而在完成活动的过程中，我们可以给客户设置一些阶段性目标或子目标，即里程碑。

把一件事情分步设置里程碑，在经历每个里程碑的时候就会获得荣誉感，从而对完成下一个里程碑节点产生更加强烈的动力。比如游戏应用中设置最多的就是一个又一个的小任务，每完成一个小任务就会有奖励，会有喝彩。玩家通过完成一个又一个小任务，最终完成主线任务，获得更大的奖励。再比如某阅读类产品，在读者读到某个章节时，会出现提示："你已经阅读了全书的20%，读完全书预计还需2小时20分钟，贵在坚持，加油噢！"

里程碑的设置让客户体验到成就感，使得客户继续保持积极性，从而帮助客户达成终极目标。其实，客户目标的达成，也意味着产品目标的达成，这是客户和商家双赢的良性状态。

设置里程碑有一些小技巧，即不要一下子定太高的目标，如果高到无法实现就失去了里程碑的意义。比如不少企业高管订下目标业绩，将利润增加到几千万元，如果仅仅是拿数字说话，缺少实现途中的里程碑，往往会使目标夭折。只有安排合适的里程碑，当触到里程碑的时候，荣耀感才会油然而生，同时激发人们为之庆贺的想法，从而引发惊喜时刻。

3.鼓励参与，给予认可

可以设计让参与者主动获得荣耀感的动作，比如在培训课程中设计轮值分享活动，并给予嘉宾分享奖章；比如某酱香白酒的品鉴沙龙，每年都会邀请酱香白酒的发烧友、创业者、企业家一起参加，大家齐聚一堂，品鉴的同时了解酿造的工艺和品鉴的方法。沙龙现场还设置了品鉴师通关环节，为真正懂酒的嘉宾颁发传播大使的勋章，激发大家传承酒文化。

以上就是获得荣耀体验的3种方法，有了理论对照，实践时可能会有更多感悟。同时在日常生活中，我们也能创造出更多的荣耀体验。

三、连接时刻

连接时刻产生于我们与他人沟通、社交、实现共鸣的时刻，它因我们与他人的分享而更加意义非凡。社交是人类的天性，从婴儿时代开始我们就一直保持着与社会的连接。连接时刻能让人相互体谅，相互理解，产生共鸣，在这种时刻，大家在一起可以感到温暖、团结，相互间得到认可。

连接是人与人之间的关系，在那一刻你突然觉得你懂我，我懂你。或者在那一刻，团队之间突然找到了一种共同的愿景、目标和感觉。

连接时刻也是打造团队士气最好的方式之一，主要有3种方法可以让我们达到这种效果：①打造步履一致的时刻；②点明共有的难处；③赋予意义。企业举办的拓展活动或者聚餐活动就是为了达到这一目的。稍微少用的方法就是赋予意义，这个时刻主要是升华我们所要做的事情的意义，让员工不仅仅完成浮于表面的工作。激发员工崇高的使命感可以带来更好的成绩。

连接感，即和他人一起共享美好或痛苦时刻。很多实验证明，如果一个团队一起经历过困难的时刻，一起奋斗、挣扎过，那么这个团队的凝聚力会特别强。同样，在客户行为设计过程中，增加品牌和消费者的连接感，可以让体验更佳。以可口可乐的昵称瓶为例，品牌把瓶身广告的命名权授予消费者，消费者通过自己的个性化创造，制造出一瓶属于自己的可乐。这种与品牌共同创造产品的体验是非常正面的，而这个转换和再创造的过程，也满足了消费者对创造的欲望。

该如何在特殊节点中设计连接感呢？

1.建立互动

和他人一起经历痛苦、实现目标时，人们会感觉彼此关系更近了一步。实现与他人的连接非常容易获得"峰值体验"。比如，在精神层面找到共同的目标。像一些企业设计了企业愿景、使命、价值观，希望在思想层面与员工产生连接。再比如，大家一起宣誓、一起立志等，都是非常好的"峰值体验"的时刻。

2.打造使命感

打造使命感也就是让集体产生相同的感觉。举个例子，美国夏普健康医疗公司的高管罗兹下决心要在自己的公司进行

/ 微服务，心体验 /

改革，起因是她陪自己的父亲在公司下属的一家医院里看了一次病。她发现，医护人员都没什么人情味，敬业度极低，而且员工离职率颇高。

在改革前她先花时间做了一次调研，她发现，如果不先为员工提供美好体验，那么员工就不会给客户提供美好体验。最后，包括罗兹在内的夏普高管们制订了这样的目标：

成为员工工作的最佳场所。

成为医生行医的最佳场所。

成为病人治疗的最佳场所。

最终成为全宇宙最棒的医疗保健系统。

他们把这个愿景取名为"夏普体验"。但是，如何让员工认真对待这一愿景，而不是把它看作一次昙花一现的"高管秀"呢？有人提议：为什么不把所有员工都召集在一起呢？

要知道，夏普拥有12000名员工，没有哪个会议场所能承载这么多人。但高管们经过探讨之后，真的行动起来了：他们在两天里分别举行了3次会议，每次开会，会场里都挤满了使用各种交通工具赶到会议现场的员工。高管们满怀激动的心情走上演讲台，向员工阐述现在的问题以及公司的愿景。

后来罗兹说："会议结束后，大家都热泪盈眶，拥抱击掌。大家纷纷报名加入提升员工满意度或病人满意度的小组，有1600人愿意为此担负额外的工作。连一位经常唱反调的高管都跑过来跟她说：'这样的会议，我们每年都要办！'"

这场会议在夏普内部掀起了一股风潮，各个方面改革迭起，医生的满意度达到了80%，人员流动率下降了14%。2007年，夏普摘取了美国马克姆·波里奇国家质量奖，这是由总统授予的针对企业品质和能力的全美最高殊荣。

后来，夏普公司的园艺工人看到有病人的病床前没有人送花，就会自己从花园里剪几枝花给病人插好放在床前，这就是人的改变。所以，当很多人有万众一心的感觉时，你会发现使命感开始爆棚了。

所以，连接时刻包含两个关键点：一个是使命感，一个是激情。加州大学伯克利分校的教授莫滕·汉森对5000名员工和管理人员进行调查，然后根据他们的表现做了一个关于"使命感与激情"的考评。汉森通过打分和排序，做出一个表格并将这些人分成四类：高使命感高激情、高使命感低激情、低使命感高激情和低使命感低激情。低使命感低激情的人，在100人中排在90名左右；低使命感高激情的人，排在80名左右；高使命感低激情的人，排在36名左右；高使命感高激情的人，排在20名左右。我们可以非常明显地看到，在一个人的工作表现当中，使命感要比激情更重要。

所以，设计连接时刻就是找到团队的使命感和激情，将我们与他人联系在一起，从而让彼此感到温暖、团结，并且得到认可。

四、认知时刻

所谓认知时刻，就是有了新的体悟更新了之前的认知或建立了一种全新的认知。认知时刻是以丰富的感官体验为基础建立的，通过身临其境创造体验，更新认知。只有身临其境才能发现问题，就像在现实中栽了一个跟头后幡然醒悟，然后才会真正改变，这种认知也被称为"被现实绊倒的设计"。

那么"被现实绊倒的设计"有什么特点呢？①巧妙地展现问题；②用时短；③由需要改变的人自己去发现问题。在《行为设计学：打造峰值体验》一书中有个很有意思的"被现实绊倒"的案例：孟加拉国乡村的卫生改革。

2007年，《英国医学杂志》邀请读者们评选出1840年之后医药界最为重大的事件。其中，麻醉剂位列第三，抗生素位列第二，而位居榜首的是"卫生改革"。

1999年，水援助组织资助了孟加拉国北部一些村庄的公厕建设。为了确保项目的成功实施，他们另外邀请了卡莫尔·卡尔博士对项目进行评估。卡尔意识到，随地大小便并不仅仅是硬件问题，还是一个行为问题。如果某地的居民不愿改变其行为习惯，再多的硬件设施都是毫无意义的。

以这个认知为基础，卡尔研发出了一种叫作"社区领导整体卫生"（简称CLTS）的方法，时至今日，这种方法已经在全球60多个国家得以实施。为了改变村民行为，卡尔采取了以下四步。

第一步，召集村民四处看，发现随地大小便的地方，提出问题"这是谁的屎"，大部分村民会因此产生羞愧感。

第二步，号召大家观察周围环境大便，将大家的注意力转移到围着一堆堆粪便打转的苍蝇上，引出现实情况。

第三步，继续提问，苍蝇沾了大便，到处飞，会不会飞到面包上？这样的面包你们吃不吃呢？引导村民自己认识到残酷的现实，即他们吃面包的同时在吃屎。

第四步，引导改变，让村民认识到问题后，询问村民这种情况该如何改善，是继续随地大小便维持现状，还是想办法改进。这里的重点是让村民自己找到方法（使用公共厕所）去改变，而不是给他们解决方法。通过这四步，村民都慢慢养成了使用公共厕所的习惯，从而极大地改善了当地卫生环境。

认知时刻里有一个非常重要的原则，那就是当你设计"被现实绊倒"的行为的时候，你要关注问题，而非仅仅关

/ 微服务，心体验 /

注解决方案。我们平常思考问题都是提出各种各样的解决方案，但是通过使用"被现实绊倒"的这种方法，我们首先想到的是问题有多严重，怎么能够让他人体会到这个问题的严重性，让其对这件事情产生足够的认知。

📁 案例

消极和积极的对比，就是最好的自我认知和自我教育

我们在工作场景中经常能感受到跨部门之间的消极沟通、非岗位责任的工作推诿，一次次的负面体验，让合作的同事或被服务的客户感到敷衍和冷漠。所以，在课堂上，我和学员会设计真实的工作场景，比如客户需要你帮忙审核宣传视频，但其实这和研究所的工作毫不相关等；销售部的同事需要研发部的同事配合，一起拜访重要的潜在客户，但这不是研发部同事的分内工作等。我请学员分别模拟消极沟通和积极沟通的场景，模拟消极沟通场景的学员很自然地演绎出"事不关己，高高挂起"的真实画面，消极的腔调、傲慢的态度，让大家陷入沉思。当然，模拟积极沟通场景的学员会站在对方的角度，积极地和沟通对象一起解决问题，友善的态度、主动的建议，赢得了大家的欢呼和掌声。两种场景

的对比，其实也是让大家去自我发现、自我感受，如果你是沟通的对象，你认为谁的沟通方式能够真正解决问题，得到对方的支持和配合呢？这就是认知时刻的自我教育和自我成长。这样的演练，不仅在课堂当中，很多企业把这样的演练安排为每周晨会的固定环节，通过不断变化的工作场景，一次次地去启发员工感受差异，最终让全员上下统一认知，形成换位思考及通力协作的企业文化。

当然，认知时刻也可以是自我认知的觉醒，可以通过自我驱动，克服阻碍，从而实现对未知的探索和对梦想的追求。比如听一场受益匪浅的讲座、看一场发人深思的电影、经历一次长途跋涉，也许也能带来认知的升级，这就是认知时刻，也是成长时刻。

第二节
好场景是设计出来的
* * *

一、特殊群体服务场景

我们不难发现，服务要想做得好，离不开创新，其中既

/ 微服务，心体验 /

要有服务上的加法创新又要有减法创新，既要有针对普通客户的创新，更要有针对特殊群体的创新。消费升级的不断深化，个性化、多样化、高品质的服务将成为刚需，这无时无刻不在提醒着企业，要多想一想用户在想什么，用户喜欢什么，用户需求是什么，而这些才是服务创新真正的前进方向。

服务场景的设计能够给客户提供身、心全方位的照顾。尤其对于特殊群体来说，服务场景的优化不仅满足了他们最基础的需求，比如安全的需求、可靠与信任的需求，还满足了他们在场景中流畅、迅速地完成任务的需求。

特殊人群需要更用心的服务，需要企业了解他们的生活方式，近距离观察他们在真实场景中体验服务的过程，更重要的是走进他们的内心，体会他们的期待与担心。

比如对于老年人来说，真正让其感到痛苦的是因身体原因导致的与社会脱节。针对老年人的服务，应该考虑如何帮助他们回归社会，重拾价值感与生活乐趣，这种情感上的影响力是极其巨大的。大数据可以抓取很多消费行为信息，但难以捕捉以用户为中心的情感信息，比如温暖、喜悦、期待……技术告诉你可以做什么，服务设计告诉你应该做什么。我们要先探讨应该做什么，然后才是能做什么。

以银行为例，银行普遍实现了智能化服务，为普通人带来方便的同时，却让一些老年人犯了难，一条"数字鸿沟"

摆在了老年人的面前。提供什么样的服务能让他们感到更周全、更贴心、更直接呢？各家银行开始推行"适老化"服务，让老年人不被数字时代所抛弃，让他们也能在信息时代感受到更多的幸福感和安全感。比如，在发放养老金的高峰期，银行会安排工作人员指导有使用意愿的老年客户在自助设备上办理取款或转账业务，减少他们的等待时间；在智能柜员机设置可调节的屏幕和摄像头，为老年客户带来更好的服务体验；有的支行推出了智能迎宾机器人，在与客户形成有趣互动的同时，完成取号、业务问答、线路引导等业务操作。

另外，为了让老年客户看得更清楚，银行推出手机银行应用程序大字版，界面简洁明了，字体大而清晰，重点突出老年客户常用的明细查询、智能转账、财富一览、生活缴费、理财业务等功能。同时，为方便老年客户随时随地咨询和办理业务，电话银行还推出"尊长专线"，让老年客户可以直接享受人工服务，由专属客服为老年人提供人工咨询服务。即使身体有残疾的老年客户也无须担心，有的银行已经开始为残障人群体提供专门的服务，比如手语服务。

除了针对老年客户的服务在不断优化和提升，部分公司也在积极推行针对儿童的更好的服务政策。

现在，不少牙科诊所为了让小患者减少看牙的恐惧，在服务设计的时候考虑的因素包括：体现诊所自身的专业度并兼顾就诊小患者的心理接受度。

比如有一家牙科诊所把就诊环境打造成了儿童游乐园，进门处设计成小动物和森林样式，采用了透明的玻璃墙，这使得还没进诊所的小患者就喜欢上了这些装饰。内部装修除了大面积地采用令人有亲切感的原木本色，还特别选择了柔嫩的绿色与白色花纹搭配，整体视觉效果是令人愉快的。同时还制作了1:1的木制动物来进行空间区隔，好像动物们在迎接小患者的光临，这将有助于小患者放松紧张的情绪，缓解他们拜访牙医的心理抗拒感。同时，设计师还把几组简单的木制玩具粘在墙上，这种布局使小患者可以在检查室里看到动物和树木，让他们在就诊时仍然感到放心。这些装修设计融入了情感和场景。

除了老人和孩子，另一类特殊人群就是残障群体，企业要针对此类人群进行不同的服务场景设计。比如，为身有残疾的客户提供服务，服务企业在店门口迎接他们的那一刻起就体现了企业责任感，也是对残疾客户关怀的体现。民生银行某网点，残疾人通道改造前是斜坡加直道，残疾人来办理业务需要两个工作人员一前一后地推和拉，非常费时费力，残障人士夏某每次都需要在门口等到大堂经理和保安同时空闲下来，才能请求帮助。2020年网点改造，银行工作人员第一时间想到了残疾人进出不畅的问题，将门口的通道改造成了两个斜坡相连，这样进出再也不用两个人帮忙，只需一个人在轮

椅后面推，就可以顺利进出银行，其他人只需关注一下即可
（图5-3），这就是特殊场景的服务设计。

图5-3　民生银行残疾通道的改造

　　孕妇也是需要特殊照顾的人群。某银行网点将对孕妇的
服务与业务办理巧妙地结合在了一起，设计了专门服务孕妇的
场景。

📂 案 例

您是我的"幸孕星"——某农商行的孕妇服务场景设计

　　该网点关注到怀孕中后期的孕妇，行动不便、易疲
劳且这个阶段较为敏感，既渴望被关怀，又不希望被明
显地区别对待；情绪起伏大，承受较大的压力；想要陪

　　　　　　　　　　　／微服务，心体验／

伴、被倾听、被顺从。她们来网点办理业务，基本的需求是自身的安全得到保障，业务办理准确高效，在此基础上还希望环境舒适，等待时间不要过长，有适当的额外关怀。基于以上特殊的需求，该网点设计了以下服务。

关于安全依赖感的体验设计：

一视同仁的服务标准，无论对城市、农村的准妈妈，还是孕前期、孕后期的准妈妈，一律耐心讲解，面带和善的微笑，使用温和的语气。由工作人员代取号，引导路线，减少风险。

关于舒适尊崇的体验设计：

使用移动设备，提高办理业务效率；为孕妇准备专座，或者为孕妇提供靠枕，让孕妇更舒适。

关于互动惊喜的体验设计（应用于峰值时刻）：

有孩子的员工可以陪伴孕妇聊天，孕妇业务办理完毕后，可参与一次幸运大转盘的抽奖活动，奖品都是网点精心准备的小礼物，比如亲子照拍摄、宝宝生肖挂件、胎教音乐U盘、早教书籍、宝宝小肚兜等，让即将为人母的妈妈感受不一样的关爱，从而留下美好的记忆（图5-4）。

图5-4　抽奖活动设计

📄 **案例**

让孕妇享受安心的乘机体验

在韩国，很多航空公司为了提升乘客体验推出了一系列的服务，并且不断细分服务对象。比如为怀孕的乘客提供全套特殊服务。孕妇不仅在安检的时候可以优先通过，登机前还可以去VIP贵宾室休息。此外，为了方便孕妇上下飞机会优先安排座位，尽可能安排飞机靠前或靠走廊的位置，而且飞机上还为孕妇准备了舒适的毯子和拖鞋。

针对特殊人群的服务场景设计，体现的是温度及人文关怀，也体现了整个服务水平的升级和服务场景设计的用心。

/ 微服务，心体验 /

如果整个服务业都能在提供服务的时候对特殊群体多一些用心，那么整个服务业的服务质量将大有改观。

二、重点人群服务场景

提起重点人群，我们总会想到一些带着特殊身份和标签的人，比如办公室白领、农村务工人员、二胎宝妈、刚走上工作岗位的年轻人，等等。针对这些人，往往需要提供不同的服务，只有这样才能满足这些重点人群的心理需求。

各大银行都有不同的服务客群，比如中信银行面向出国留学人群、老年人、女性等不同客群，依托生态场景建设，提供金融和非金融综合服务，强化"有温度"的零售银行品牌形象。针对出国金融客群，构建"线上+线下""金融+非金融"的出国金融生态圈，全面满足旅游、留学、商务等不同类型客户在出国前、中、后的金融需求，提供跨境汇款"留学汇"和英国"如意签"等产品，打造专属"中信银行全球签"小程序，向"信视界"出国金融俱乐部会员提供最新资讯、服务。针对女性客群（家庭财富实际控制人），线下建立以"财智好少年"财商沙龙为代表的女性沙龙活动体系，线上推出"口红财富"爆款营销活动。这就是针对重点人群不断更新和搭建服务场景。

银行关怀的另一个重点人群就是务工人群。

务工人群的特殊关爱

在我国，农民工是一个非常庞大的特殊社会群体。在外出打工过程中，这些人也需要银行提供金融服务。他们往往要将工资就近存入银行，或者汇款给自己的家人。那些怀揣创业梦想的农民工，往往会有各种资金方面的需求。他们在家乡和外出务工地之间往返，成为两地金融机构积极争取的长尾客户。如果服务做得好，这个庞大的务工群体就会成为银行的服务对象和潜在消费者。

早期，农民工属于很多银行都不太重视的客群，但实际上，这类客群是非常重要的。因为这些人每年带回老家的存款较多，使得他们成为银行在每年的开门红期间新增储蓄的主要来源。能够通过服务触达这些客户是银行的重中之重。如果服务做不好，很难抓住这个客群的"心"。

常熟农商银行针对农民工客群设计了一个服务活动——"小燕爱心卡"。具体的做法是：设计印有当地风景名胜的爱心卡。农民工家人放假期间也会到当地来看望家人，卡片背面印有公交出行的二维码，给客户及其家人提供了便利（图5-5）。银行工作人员每月更新爱心卡主题，因此很多农民工都乐于收藏，并保存到家人来本地的时候一起出行使用。这个服务的设计非常人性化，也很能打动农民工客群的心，体现了连接时刻的设计。

图5-5　小燕爱心卡

> 🔍 **案例**

"有路情早"和懒人早餐关注特殊的商旅客户群体

某连锁酒店针对错过早餐的旅客，推出了特别的"有路情早"和懒人早餐。旅客入住时，只要提前与前台沟通，酒店就会为其提前备好或预留精心配置的早餐。旅客可以根据个人喜好选择三款早餐中的任意一款。这比很多酒店随意提供的鸡蛋蛋糕，更使旅客拥有尊崇感。如果旅客来不及吃早餐，同样可以选择早餐款式，服务员会在11点前送到旅客的房门前，给旅客带去满满的能量。这样的提示说明卡片被放在床头，旅客还可以通过服务电话预订（图5-6）。

图5-6　懒人早餐

三、特殊节日的活动场景

中国是拥有最多传统节日的国家之一，一年中可以庆祝的节日非常多，所以，很多公司针对特殊节日进行服务场景

　/ 微服务，心体验 /

设计。

在传统节日来临之际，好的服务场景和活动设计能够营造和烘托良好的节日氛围，给客户优质的服务体验，同时能够助力营销活动开展。

2021年春节，政府倡导"就地过年"，很多企业纷纷推出针对新年的各类活动。比如，各银行网点进行了精心的节日装扮，通过融入中国结、灯笼、窗花、门贴等民俗元素，让网点服务面貌焕然一新，增添网点"温度"。

招商银行提出"在奋斗的城市，过出家乡的年味"，联合城市画报推出《城市年味》特刊，包含44座城市人群的收入情况与支出偏好，收录了2020年人们与城市之间的记忆故事。

招商银行广州分行特推出留穗过年"大礼包"，通过丰富多彩的吃喝玩乐活动及优惠，让"就地过年"的群众感受别样的年味。为顺应新春传统民俗文化氛围，招商银行广州分行开展了"招寻年味"——第六届民俗系列活动。通过线上小程序邀请客户参与趣味互动游戏，线下打造厅堂、社区、企业多个场景，增添新春气息，营造浓浓的节日氛围。剪纸、糖画、挥春、中国结、花鸟字，丰富多彩的民俗体验带来浓郁的年味，让客户在办理业务之余可以感受到万家团圆、喜气洋洋的春节欢欣。活动开展近一个月，举办了超过200场民俗活动，超过6000名客户参与。

每一年传统的节日远不止春节，还有元宵节、端午节、母亲节、中秋节，等等。只要服务用心，活动设计有新意，商家就可以利用这些节日设计出更多新的服务项目，在给消费者带来美好、温暖体验的同时，还能拓展营销，吸引更多的客户。

🔍 案例

民生银行特殊的母亲节活动

民生银行客户张阿姨的儿子在国外留学多年，2020年和2021年因为疫情一直没能回国。张阿姨怕儿子担心，很少表达对儿子的思念，每当看到别的妈妈有儿女陪伴，张阿姨总是有些落寞。有一次，张阿姨在银行办理业务，儿子打电话说归国行程又取消了。张阿姨没说什么，但是难掩的失落都被客户经理小卢看到了。小卢是个细心的姑娘，平时张阿姨去办理业务，总要和她拉家常，小卢还经常邀请张阿姨参加活动。虽然儿子没在家，但是母亲节这天，张阿姨还是应邀来到网点参加了母亲节的观影活动。没想到，远在英国留学的儿子突然出现在屏幕上，熟悉的面孔和特别的祝福，让张阿姨当场感动落泪。原来，小卢看到张阿姨很思念孩子，想办

/微服务，心体验/

法和她儿子取得了联系，特意邀请他给张阿姨做了一个小视频。远程的祝福，让张阿姨终于得到了些许慰藉。张阿姨非常激动地表示，这是母亲节她收到的最特别的礼物，这份惊喜让她感到温暖不已（图5-7）。

图5-7　民生银行母亲节专场观影答谢活动

第六章

小景大爱之员工体验

第一节
企业要关注员工体验

* * *

任何一家企业，对外服务的是客户，对内面对的是员工。企业提供的服务必须通过员工传达给客户，可以说员工是企业和客户之间的桥梁，起着非常重要的作用。有一个等式是这样的：体验=客户体验+员工体验=竞争优势。

《哈佛商业评论》曾发布数据称，员工满意度提高5%，客户满意度就能提高1.3%，企业收入就能提高0.5%。这也是为什么我们总看到当今世界上最大、市值最高的几家科技公司总是在努力向外界宣传，自己是一家员工体验极佳的公司。

客户体验和员工体验是良性循环的两个重要组成部分。企业如果能把对客户的用心同样用在员工身上，实现积极的员工体验，就有助于企业的价值创造，生产力提高和业绩增长，从而保证企业能够为客户提供更加卓越的客户体验，最终拥有竞争力。

提到服务，很多人第一时间想到的是企业如何服务客户，让他们有良好体验从而产生更多的消费。事实上，企业第一个要服务的对象是自己的员工。如果员工体验不到被关怀、尊重和爱，他的心又怎么会停留在企业里呢？又何谈去认真服务客户呢？有句话是这样讲的：你爱员工，员工才会爱客户。

海底捞的员工很难被挖走，因为他们把员工"不当雇员，而当伙伴和家人"；西贝的信条是"连员工都服务不好，谈什么服务顾客"；巴奴的员工说起自己的宿舍时，一脸满足，"不论多晚下班回到宿舍，都能洗上热水澡"。

这些充满人情味的关心，使得这些企业在服务领域拥有了不可撼动的地位，他们靠的是先让员工感受到温暖，之后员工能够代表企业去服务客户，最后形成良性循环。

在迪士尼乐园，所有工作人员都叫"演职人员"；在苹果专卖店，有一部分店员被称为"天才"（genius）；在星巴克，从首席执行官到普通店员，都彼此称呼伙伴。这些是员工体验的一部分，传达了奋斗、尊重、创意、平等、友好等概念。

所以，想要让员工自主自发地去服务客户，企业要关注员工的体验。如果员工的体验不好，在企业内部没有得到比如情感、技术、资源、培训等支持，那么员工感受不到归属感和存在感，很难做到以客户为中心，并且提供超出客户预期的服务体验。关注员工体验是让员工理解企业使命、愿景和价值观，企业需要针对性地进行设计和传递。

如今不少企业已经意识到重视员工体验的重要性，并开

／微服务，心体验／

始在员工体验方面下功夫，在办公环境、学习培训、薪酬福利等这些可量化的地方加大投入力度，同时在一些看不到的地方、不可量化的地方也做好完善。员工体验和客户体验一样，需要的不只是一个单点的改善，而是关注全部接触点的优化与升级。积极的员工体验，既能够帮助企业吸引和留住优秀的员工，又能让员工把更加人性化的温暖体验传递给客户。总结成一句话：好的客户体验，从好的员工体验开始。

一、一线员工的需求解读及体验设计

倒金字塔管理法（Pyramid Upside Down）最早由瑞典的北欧航空公司（SAS）总裁杨·卡尔松提出，也有人称为"倒三角管理法"。卡尔松的"倒金字塔"构架是：最上层为一线工作人员（卡尔松将其称为"现场决策者"）；中间层为中层管理者；最下层为总经理、总裁（卡尔松将自己称为"政策的监督者"）。倒金字塔管理法的含义为"给予一些人以承担责任的自由，可以释放出隐藏在他们体内的能量"。

倒金字塔模式告诉我们：员工不再是简单的被雇用者，企业也不单单是提供劳动场所和报酬的地方，提供劳动报酬满足的是员工的生理需求，提供良好的工作的场所是满足员工的安全需求。但仅仅满足这些需求并不能打动员工和对员工赋能，企业只有从内心想要去"服务员工"，才能真正起到对员工的激励作用，员工一旦感受到了"被服务"的温暖，就会将这份温暖反馈给消费者。因为员工懂得了什么是温暖，什么是被尊重，什么是真正的服务精神。人终归还是感情动物。员工感受到的关怀和关注都会让他们觉得自己在管理者眼里不只是一颗螺丝钉，而是一个一起战斗的有血有肉的伙伴。获得良好服务和尊重的员工也往往能够为他们的客户提供很好的服务。

如西贝、海底捞和鼎泰丰这些企业，他们所有的服务理念和价值，全部由一线员工对客户进行传达，所以，他们不但赋予一线员工权力，更在意一线员工的体验。鼎泰丰请员工住五星级酒店、吃米其林餐厅，让他们亲身去感觉服务的魅力。鼎泰丰被《纽约时报》评选为"十大特色餐厅"，俘获无数消费者的心。鼎泰丰人力总成本高达48%，年赢利却逐年创新高，其背后真正的秘密就是"服务员工"，让员工真正感受到服务的魅力和精髓，从而产生了心理与生理双重的幸福感，之后做到真正用心去服务客户。

🔍 案例

我是来做服务的——运输企业管理者对员工的服务宣言

2015年，我受邀访问某长途运输公司。我先到他们的客运站暗访。三线城市的长途站内人流量不大，空荡

/微服务，心体验/

荡的大厅，地上一小撮垃圾很醒目，走近一看，原来是墙上的海报掉下来没人拾，于是旅客的垃圾也丢在这里。让我有些吃惊的是工作人员从我旁边路过，好像也没看到。带着疑问，我来到王总办公室，刚上任半年的王总问道："李老师，您刚刚暗访，有没有看到什么需要我们改进的？""我发现大厅地上有垃圾，"话音未落，王总立刻说道，"这家清洁公司我早就想换掉了，时间一到就解除合作关系。""大厅清洁真的只是清洁公司的责任？"我问道。接下来，王总又向我抱怨："李老师，我刚来这里，发现员工的执行力很差，大家都没有服务意识，所以，我们邀请您来访问，您帮我多看看。"看来，这家公司，不仅是清洁公司的问题，从上到下都缺少主人翁的精神，大家都只扫门前雪，难怪垃圾没人拾。

2016年，这家公司发生2次交通事故，人员的伤亡给公司带来极大的影响，王总被调离，公司濒临破产。直到2018年，这家公司打造了一条精品服务专线，这条专线从城市直接通往机场。旅客在专属的候车厅可以享用茶水、咖啡、零食，还有免费WIFI可以使用，服务员会提前帮旅客办好行李托运。发车前，车上的师傅会亲切地跟旅客问好，请旅客系好安全带，并承诺全程不接听电话，预计90分钟将大家安全送达。该路线当年被交通部评为中国运输领先品牌。短短3年，这家公司从事事推诿到服务领先，这是怎么做到的呢？再次受邀去访问这家公司，我好奇地问办公室主任。办公室刘主任情不自禁地和我夸起了罗总："方方老师，我们罗总第一天上任，我就记得他说过3句话，令我们员工非常震惊：'我是来做服务的，大家向我看齐，有什么事情大家一起商量着做。'来了一个为大家服务的领导，这对于我们这家快50年的国企，是从来没有过的。"果然，最先体会到这点的是我们的班车师傅，他们是罗总最关怀的人。你别看罗总性格豪爽，大大咧咧，可是他关心员工非常细致。每天下班，他只要没出差，都会去调度室看看，有哪些班车因为路上堵车没有按时回来。同时，他会交代食堂的厨师也晚点下班，等待班车师傅回来，给师傅煮上一碗热腾腾的番茄鸡蛋面条。我们很多师傅吃到这碗面条都很感动，毕竟有时候堵车在外，饥肠辘辘地把旅客送回来，大街上也没有营业的餐馆了。回到家，为了不影响家人，常常就饿着肚子休息了。因此，深夜能收到这份关心，他们感到特别温暖。也因为这些关心的小细节，当公司提出服务的创新，要优选班车师傅来提供精品服务，大家都踊跃报名。只有领导为员工服务，员工才会乐意为旅客服务。一碗番茄鸡蛋面背后就是领导对员工的服务与关怀。点点滴滴的服务细节，让员工相信他们和领导是战斗在一起的伙伴，让员工对公司产生归属感，员工自然愿意去为旅客带来优质的服务。

对于一线员工，要满足其多方面的需求。

第一，满足员工生理层次的需求。在这个需求级别的员工，增加工资、改善劳动条件、给更多的假期，是对他们最好的激励。这类员工一般处于企业普通阶层，他们的梦想就是通过努力工作多赚一些钱补贴家用，所以只要给予的工资和奖金高于市场上同行业水平，员工就会很踏实努力地工作。

以鼎泰丰为例，在流动率高的餐饮业，要能找到年资满15年、20年的现场高级主管着实不易，但鼎泰丰却能做到。因为在这一点上，鼎泰丰依旧践行着"工业化"的管理。鼎泰丰营运部的中高级主管都是从基层做起，其中不乏在职15～20年的人，甚至有人在鼎泰丰工作超过20年。鼎泰丰留住员工的秘密是什么呢？答案就是"福利和激励"。鼎泰丰给员工的薪酬高于当地其他餐饮企业，也高于大陆地区的平均水平。鼎泰丰还专门聘请专业老师给员工做心理辅导，休息时间还有专人按摩。这种福利制度的确与我们日常见到的餐饮企业不太一样。

第二，满足安全层次的需求。员工如果总是害怕自己会失业下岗，那么他们是不会想着企业的发展宏图和愿景的，他们只想着自己身体健康，不会因某种理由被裁掉，更害怕没有保险和福利的保障。对于这类没有安全感的员工，企业为员工提供正规的合同、保险，严格执行各项福利制度，就是最好的激励和保障。企业按规章办事，带给员工的就是安全感，从而让他们卸下心理负担，投入工作。

海底捞作为餐饮企业的标杆，一直以来都致力于为员工营造"家"的文化，从而奠定了企业成功的基石。海底捞把员工当家人，为此，海底捞有着餐饮行业中极好的薪酬和福利待遇，不仅让员工享受着超出普通打工者的吃住条件，还为员工配备清洁阿姨，为员工做饭、打扫，带来贴心的照顾。为此，员工的内心一直有着非常强大的安全感，才会出现"海底捞的员工挖不走"现象。

第三，满足被尊重方面的需求。什么是尊重？尊重就是理解对方的感受，认可他人的贡献和价值。

海底捞总部对分店的考核中都不以考核利润、营业额等结果性指标为核心指标，而是重视客户满意度、员工积极性和干部培养这三类定性指标。这样不唯指标的考核方式，不仅真正促进了海底捞的发展，也极大地激发了员工的积极性，为员

/微服务，心体验/

工提供了成长的环境和动力。因为这样的考核建立在尊重的基础上，而不是以业绩为目标。

二、成长型员工的需求解读及体验设计

不少企业里有一个奇怪的现象，业绩最好的员工并不一定是工作最久的员工，而往往是那些能够独当一面，不断成长的员工。成长型员工既可能是跟着企业一起走过来的员工，也可能是后期加入企业的员工。成长型员工自身有能力、肯学习，通过长时间的历练，能够非常熟练地处理一些关键的业务或者问题；另一方面，他们接受企业的栽培，在企业遇到困难时不离不弃，始终保有忠诚的心。因此，这一类骨干员工的综合能力与素质普遍较高。

成长型员工相较于一线员工，会去思考如何把一件事情做得更好，而不甘心做一个任务的机械执行者。成长型员工也更善于管理自己，会主动寻找学习的机会。他们相信，不管自己多优秀，总可以通过努力和训练变得更好。他们不认为失败意味着能力不足，反而能够在失败中学习。所以，成长型员工的个人需求是被尊重、被认同和个人得到快速成长。

成长型员工最喜欢在授权赋能的企业工作，特别是有能力的员工，他们常常用授权大小来判断自己的价值。如果企业能够让他们得到成长、实现自我价值，他们就会有成就感，对

于工作就会更加积极和用心。成长型员工有三个特质。

第一，成长型员工有更强烈的参与企业经营的主人翁需求。员工在企业工作，付出的不只是时间，还有他们的心。心在哪里，创造力就在哪里。让"员工因为工资才到这里工作"，变成"员工想来这里工作"，因为他们"让改变发生"。真正的员工体验是让员工充分理解企业文化价值核心，感知企业的情怀与使命，让员工有充分的参与感，与企业共同打造自己的职场体验，从而自下而上地打造创新型企业。

第二，成长型员工更渴望不断创造的价值得到认同。每个人都希望自己所做的事被别人认可，希望自己点点滴滴的进步都能够被别人肯定。员工作为企业的资源，更是希望上司的目光能够投向每一个角落，看到自己的付出和努力。如果员工被认可，他们就会充满活力和干劲儿，更加具备主人翁意识，能为客户带来更多更好的服务体验。拥有成长型思维的员工，他们对"尊重、自由、信任"有更高的要求。金钱的激励是对员工最基本的激励，好的薪酬制度的确能留住优秀人才，也能让员工更有主人翁意识。然而，让员工长久留在一个企业里的真正动力在于，感觉到自己的价值被组织认可，自己被团队需要。

/微服务，心体验/

最佳潜力奖——千万业绩的店长成长记

王小宁店长（化名）是在我的培训课堂中认识的。那是2017年，这位店长听完2天课程后，自信满满地对所有同学承诺，她今年要把店里销售额做到1000万元。所有同学对她报以热烈的掌声。小宁店长带着7名员工，在重庆某购物中心的女装楼层销售国内某知名品牌的女装。2016年，他们团队完成了600万元的业绩，2017年公司给他们制订了800万元的指标，而她决定带领团队冲刺1000万元。

2017年12月30日，我忽然收到一条微信，上面写道："方方老师，和您分享一个好消息，我的团队今年完成1000万元的销售业绩了，谢谢您对我们的鼓励。"王小宁店长怎么带领团队做到千万业绩的呢？在年底的集团表彰会上，她这样分享道："我当初入职××品牌，完全就是一个新手。公司问我有没有销售经验，我说做过几年销售，其实，我是做过几年后勤文员。不过，我很好学，经常向楼层经理请教，楼层经理看我好学，也为我提供了很多培训的机会，让我快速上手。我们团队的业绩蒸蒸日上，2014年达到400多万元。但是2015年，我们品牌因为门厅改造，再加上竞品价格折扣很大，即便我使尽浑身解数，也没办法完成业绩。我当时有些心灰意冷，打算辞职在家休息。但是我们楼层经理依然选择相信我，年底为我争取了一个奖项：最佳潜力奖。这个奖杯，现在都还保存在我家里。在这个最佳潜力奖的鼓舞下，我坚持下来，终于有了今天的成绩。回首过去，这个奖杯的激励，就是我成长道路上最重要的基石。"正是组织颁发的最佳潜力奖，让小宁店长真正地发挥了自己最大的潜力，带领团队创造了奇迹。

管理者需要让团队成员知道他们做的工作是有意义的，并且自始至终认可和欣赏他们的付出。每天抽出一点时间来赞扬员工，会对整个团队起到很好的激励效果。

第三，成长型员工更看重个人能力的快速提升。工作对于人们来说不仅是谋生的手段，还是实现自己人生价值，体现自己人生意义的方式。

企业帮助员工成长，而员工在成长的过程中，会更加了解企业，对领导和同事更有感情，对企业的流程也会更明晰。通过这个过程，员工就更有成就感和归属感，也更愿意加入团队。管理者要明白：在今天这个竞争激烈的社会，企业帮助员工成长，反而会得到意外的红利。

三、高学历员工的需求解读及体验设计

企业中有一线员工，有成长型员工，也有高学历知识型的核心员工。企业看重高学历员工，并不是为了突出企业高端的形象，而是为了企业的高效运转，管理更加省力。

高学历员工往往是组织中的关键人才，他们大多数处在管理岗位，企业想留住这些关键人才要有足够吸引人才的用人之道。俗话说，"铁打的营盘，流水的兵"，企业要想像铁盘一样牢固，就不能让关键人才处于流水的状态。比尔·盖茨说过："如果把我最优秀的20名员工拿走，那么，微软将会变成一个毫不起眼的公司。"无论是像微软这样的知名大企业还是普通的企业，关键人才都是组织中的中坚力量，对企业有着无比重要的作用。

很多企业遇到的常见问题是有些重要员工学历高岗位重却莫名其妙地辞职了，但管理者却不知道原因是什么，平时没放在心上，直到人才被别的公司双倍工资挖走，才悔之晚矣。

企业中的高学历员工遵循了"二八原则"，即真正决定企业80%产出的是那20%的人才。前微软首席技术官纳森·迈尔沃德曾说："顶级软件开发人员比一般软件开发人员的工作

效率不是高出10倍或100倍，而是高出1000倍甚至10000倍。"高学历员工通常能够为企业做出重要贡献，作为管理者，要用正确的方法提高高学历员工的积极性。

📁 案例

某芯片公司打造的高学历员工体验

某芯片公司，成立一年多就以领先的技术成为行业的翘楚。创始人为斯坦福博士，从硅谷回到国内，在常州带领年轻的高科技人才创业打拼。为了给高技术人才创造更好的条件，人力资源部的同事从员工个人到其子女，从工作到生活都给予了全方位的支持。包括设计公司的未来人才发展规划，建立人才库；即使没有入职公司的面试者，也要保持联络；安排人才公寓，帮助员工子女入学；到楼下迎接面试的员工等。虽然公司条件有限，暂时还没有食堂，但是公司为员工提供自助选餐的菜单，尽量让天南地北的员工吃到合口的饭菜；对于各部门提出的招聘需求，当天即启动招聘工作；对于后勤的需求，3天内给到解决方案。信息技术中心更是做到了主动服务，技术工程师不再只是救火队员，而是向每位同事主动询问电脑使用状况，主动为其电脑升级；在

/微服务，心体验/

不增加公司成本的情况下，重新进行资源分配；同事的需求，30分钟内响应，半个工作日内解决。

因为高学历的人本身属于知识型员工，他们的认知水平高且专业能力强，所以，他们不认可水平不如自己的管理者。如果管理者既年轻学历又低，他们心里肯定不服气，不会轻易服从管理。另外，高学历的人往往有"清高"的一面，以至于很大程度上总会看到别人的缺点而看不到自己的不足，当年轻的管理者对其进行批评指导时，心里会有排斥，将原因归于他人，不听从管理者的建议。所以，要想管理好高学历员工，需要从多方面考虑，把握他们的需求，只有这样才能打造更好的员工体验。

第一，高学历员工需要被尊重和认可。高学历员工在某个知识领域是权威人士或专家，理论知识和实践经验都比较丰富，所以管理者要尊重他们，认同他们的观点和想法，接受他们提出的方案，这样高学历员工才会认真完成企业交给自己的任务。高学历员工有很强的自尊心，作为管理者，一定要给对方足够的尊重。另外，由于高学历员工有着丰富的理论知识和实践经验，管理者要抱着学习的心态去沟通，虚心请教。这样一来，员工感受到了自己的重要性，自然会对企业产生归属感和责任感，从而更好地配合上级领导，更好地工作。

第二，高学历员工往往不拘一格，不要用死板的规则或制度限制他们的创造力。管理者只有放权，高学历员工才会提出更多有创意的点子。允许他们多发表自己的观点和看法，这种自由、轻松的管理模式，更能激发高学历员工的激情。他们会认为公司有发展前途，自己有施展能力的机会。下达任务的时候，可以从征求意见的角度，让员工自己领任务，自己确定完成时间。这样员工就会认为自己不是被安排任务，而是根据所在部门的现状和目标，自己领取的任务，并做出任务安排，这样员工当然会尽力去做。

第三，管理者自身的能力要过硬才能让高学历员工信服和追随。能力是最关键的指标，管理者要想更好地管理高学历员工，就必须做到用能力说话，这样才会得到对方的认可，让对方信服，并听从管理。管理者要唤醒高学历员工的激情和梦想。员工真正想去做一件事情的时候，就会产生无穷的力量。要想成就一番事业，首先要有激情，只有胸怀激情的人去努力才能取得成功。

对于高学历员工来说，他们的体验直接决定了客户体验。每家企业都应该思考，如何给这些高学历员工带来不一样的服务体验。

/ 微服务，心体验 /

第二节

激励员工可以改善员工体验

* * *

一、非物质激励的设计和价值

什么是激励呢？美国管理学家贝雷尔森（Berelson）和斯坦尼尔（Steiner）对"激励"的定义是：一切内心要争取的条件、希望、愿望、动力都构成了对人的激励，它是人类活动的一种内心状态。

在职场中，能够让员工死心塌地地留在企业的一定是薪资待遇吗？答案是否定的。虽然人人都为了赚钱才工作，但企业留住人才靠的却不完全是薪资待遇。试想，如果物质激励是员工最大的驱动力的话，那么当有另一家企业愿意付更高价钱时，员工会头也不回地离开。对于一些不太有实力的企业来说，物质激励虽然有用，但毕竟资金有限，因此以非物质方式激励员工就更有必要。

所谓非物质激励是指企业采取货币以外的方式激励员工，包括情感激励、成就激励、竞争激励、赞美激励、角色激励、目标激励、榜样激励（图6-1）。

- 投入最少、回报最高
- 适时引导、避免恶性竞争
- 设立PK对象，公平竞争
- 社会角色激励
- 心理角色激励
- 一马当先、身先士卒
- 榜样效应、魅力感召

1 情感激励

2 成就激励

3 竞争激励

4 赞美激励

5 角色激励

6 目标激励

7 榜样激励

- 描绘未来愿景、激发成就渴望
- 提供学习深造、更上一层楼的机会

- 表扬具体行为
- 肯定团队贡献
- 总结优秀品质
- 设置特别奖励

- 社会目标
- 经济目标
- 文化修养目标
- 家庭目标
- 健康目标

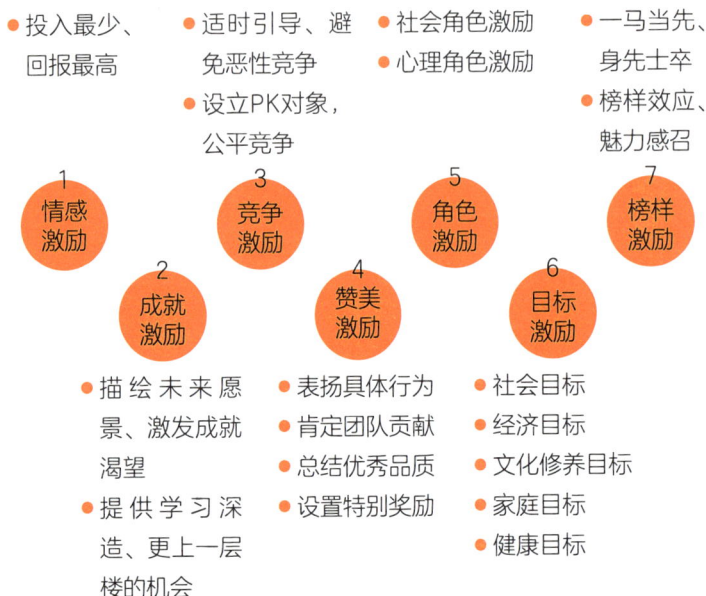

图6-1 非物质激励的7个方法

1.情感激励

情感激励投入最少，回报最高。

因为人是感情动物，人的行为是靠情感支配的，所以要调动员工的积极性，情感投入尤为重要。员工的能力是不可能一下子全部发挥出来的，这是一个循序渐进的过程。员工能否发挥作用，取决于管理者有没有对其进行卓有成效的感情投资。情感激励包括建立员工互助基金委员会、为员工举办生日／婚礼庆祝会、记录员工的愿望、给员工写个人评语、给员工父母写信／寄礼物、关心员工等。

青岛花园酒店的员工关爱体验服务

青岛的海景花园酒店服务做得很好，在酒店行业中的口碑不错，这是因为酒店的服务非常贴心和独特，同时他们对员工的关爱也十分到位。

海景花园酒店的服务品牌叫作"亲情一家人"。这一品牌把西方的"规范化"与东方的"亲情化"有机地融为一体。其内涵就是把客人当亲人、当家人，要求员工像对待家人、亲人一样对待客人，从情感上贴近客人，给予客人无微不至的关照。此外，每个员工凡事都要站在客人的角度"替客人着想、帮客人想、想客人想"，当好客人的耳目和代言人。利用一切机会，把服务做得更细，体现个性化、细微化、亲情化，创造"让客人满意，让客人惊喜，让客人感动"的服务境界。海景花园酒店的文化有两个方面：一是对客人的关爱；另一个是对员工的关爱。酒店特意安排一个生日房，每天的显示器上会显示当天及未来几天要过生日的员工名字。他们提出"对员工的关心越深，员工对客人的关爱越亲"。因此，"上级为下级办实事"也成为一个考核指标。海景花园酒店还专门设置了"员工接待日"，每周二上下午分别抽出3个小时，由人力资源总监亲自接待员工。此外，在海景花园酒店的员工活动区域，设有健身房、KTV房、可以上网的阅览室及专门的生日房，在员工生日当天，主管要带头为员工办一个生日聚会。

2.成就激励

成就激励是指给员工描绘未来愿景，激发员工渴望并肯定员工为团队做出的贡献。

企业应为员工提供学习深造、更上一层楼的机会，设置专属特别奖励等。成就激励并非源于员工成就需要已经满足了多少，而是源于员工对满足自己成就需要的期望。即每个人都期望工作成果中包含的个人贡献较多而得到更大的满足，每个人都期望自己比别人取得更好的工作成绩而获得更大的满足。正是这种期望，使得员工总想更加努力。而且，这种期望越强烈，员工受到的激励就越大。

案例

美国西南航空公司用"排名调查"激发员工的成就渴望

美国西南航空公司的内部杂志经常以"我们的排名如何"这一内容让其员工知道他们的表现如何。在这

/ 微服务，心体验 /

里，员工可以看到运务处针对准时、行李处置、旅客投诉案等三项工作的每月例行报告和统计数字，并将当月和前一个月的评估结果做比较，得出西南航空公司整体表现在业界中的排名。公司还列出业界的平均数值，同时比较公司和平均水平的距离，以期员工掌握趋势。西南航空公司的员工对这些数据具有十足的信心，因为他们知道，公司的成就和他们的工作表现息息相关。当某一家同行的排名连续高于西南航空公司几个月时，公司内部会在短短几天内发布这个消息。到最后，员工会加倍努力，期待赶上对方。西南航空公司第一线员工的消息之灵通是许多同行无法相比的。

3.竞争激励

竞争激励是指在竞争环境下优胜劣汰，让优秀员工脱颖而出，施展才华。通过此种方法潜移默化地推动员工成长，激发"求胜欲望"。

竞争激励包括公平竞争和设置末位淘汰等。竞争激励不是自上而下的压迫，而是竞争对手间相互的强化激励；它并非源自外部诱因的刺激，而是内心驱动的结果。采取竞争激励要注意控制竞争，沿着正确方向发展，保证竞争在公平基础上进行，最后对竞争结果也要做出一定的判断。

4.赞美激励

每个人都喜欢被别人赞美而不喜欢被批评，作为团队管理者，要使称赞达到所期望的效果，首先要不吝惜称赞。有位成功的青年管理者曾经说过："当今的中上层领导习惯于骂人和警告人，如果能反过来称赞人，可使对方更有信心，更容易发挥潜能。"赞美的关键在于及时性。当有理由表扬一个人时，一定不要错过赞美的时机！管理者要有一双善于发现"美"的眼睛，以欣赏的态度寻找员工工作中的闪光点。

案例

赞美激励员工的赫洛克实验

心理学家赫洛克找来一群志愿者，把他们分成4组完成特定任务，并对4组采取不同的态度，结果发现，即便是相同的任务，4组的表现也完全不同。

第1组"受表扬组"：在每次完成任务后，会受到表扬；

第2组"受训斥组"：在每次完成任务后，无论结果如何，永远被批评；

第3组"被忽视组"：既得不到表扬，也不会被批评；

第4组"被隔离组"：被完全隔离，任务完成也不给予评价。

实验结果表明，在这4组中，平均成绩最低的是第4组"被隔离组"，最高的是第1组"受表扬组"。而且随着时间推移，"受表扬组"的表现越来越好，呈现稳步上升的趋势。这就是著名的"赫洛克实验"，它告诉管理者：对于工作给予及时评价，能够强化工作动机。而表扬的效果要比批评好，批评的效果比不给予评价好。

5.角色激励

角色激励即责任激励，就是让个人认识并担起应负的责任，激发其为所扮演的角色献身的精神，满足其成就感。如果一个人认识不到自己应负的责任是什么，就会放松对自己的要求，角色激励也就失去了作用。因此管理人员的责任就是要帮助员工认识并重视自己的责任。角色激励也是非常有效的激励法，比如对于已经当上妈妈的员工来说，最能激励她们的就是成为孩子的榜样。虽然，一线工作的员工很平凡、很普通，但是积极上进、工作认真负责的妈妈就是孩子心中最美的妈妈，所以，年会期间邀请优秀员工的子女一起参加，见证妈妈被表彰的荣耀时刻，就是对此类员工最好的激励。再比如，对于还未成为父母的员工来说，父母就是他们最惦记的家人。同样，我们奖励员工的奖状、证书，可以直接寄到员工老家，让他们的爸爸妈妈来签收。很多员工说，当奖状、证书寄到家里，父母都会很骄傲地摆放在家里最醒目的地方，来家里串门的左邻右舍都能看得到，邻居们的夸奖让父母特别开心。这样的激励就是最好的角色激励。

6.目标激励

目标激励就是通过帮助员工确立工作目标来激励员工。正确而有吸引力的目标，能够激发员工奋发向上、勇往直前的斗志。目标的制订，不可盲目地求高、求大，应该考虑其实现的可能性，要确保员工通过努力能够实现。只有这样，才能使目标激励真正发挥作用，实现目标激励作用的最大化。管理者通过设置合理的目标，有效激励员工，调动员工的积极性。管理者要为员工规划职业生涯，帮助员工制订目标，每个阶段完成一个小目标，帮助其递进式成长。

> 📁 案例

"无次品"目标激发员工积极性

阿迪达斯公司制订的"无次品"目标，就是绝无"可容忍过失"的具体表现。"无次品"目标极大地调动了员工的积极性，增加了员工工作的挑战色彩。为了实现这一目标，公司专门雇用了近2000名质量检验人员，质量监察员定时检验产品的生产线，把不合格的产品送回重新生产，并负责把所有发现的错误列成统计图表，用以了解产品质量状态。质量管理人员检验过的产品，检验人员再次做彻底的检查。

如此的高标准、严要求，充分激发了员工的潜能，每一位员工在工作时都投入自己百分百的精力，从不疏忽大意，高质量标准成就了阿迪达斯，使公司的产品因质优而畅销全球，成为许多经销商的免检产品，也为公司树立了良好的形象。

7.榜样激励

榜样的力量是无穷的，比直面言说、教育更有说服力，企业通过树立榜样，让员工相互之间比、学、赶、超，发挥积极性。榜样激励就是让员工听到其他员工的成功故事，从而激发自己的内在潜力和斗志。

🔍 案例

优秀店长为员工树立榜样

曾小樱是一名优秀的店长，在谈及她的榜样时，她很动情地回忆了她第一天上班的情形。区域经理刘经理过来巡查，发现来了一位新人后，就很亲切地和曾小樱聊天，第一句就是，"欢迎你加入我们的大家庭，怎么称呼你呢？""曾小樱。"刘经理紧接着问道，"那你的家人怎么称呼你？""小樱桃，我的家人都这么叫我。"曾小樱不好意思地回应道。"那好，我也这么称呼你，好吗？"曾小樱说，这一声小樱桃，一下子就拉近了领导与员工的距离，让她感受到刘经理特别亲切。接下来的一天，刘经理一直在现场带领她接待、销售、理货和整理台账，和她想象中的领导完全不一样。他不指手画脚，命令、指挥员工，而是亲自示范怎么微笑服务，怎么和客人拉家常，怎么为客人推荐最合适的服装，怎么策划周末的活动。在刘经理身上，曾小樱感受到优秀的管理者就应该像他一样让团队的员工感到既亲切又信服。之后，曾小樱暗暗对自己说我也要成为像刘经理那样的优秀人才。

曾小樱的分享让我们得到启发：建议企业定期启动内部榜样分享会。内部分享会就像一面镜子，通过榜样的宣导，员工不断审视自身的优势与不足，对自身以及现状有更加清晰的了解。另外，不断收集榜样的案例，树立标杆，员工的积极性就会被激发。

/ 微服务，心体验 /

以上这样都属于非物质激励的范畴，很多企业已经发现对员工进行"非物质激励"会产生很好的效果。

"非物质激励"本身就是一种非常有效的激励形式，用好了可以达到与物质激励一样的效果，甚至发挥出让人意想不到的威力。

企业采取物质激励的手段只是解决了员工生理和安全需求，这也是最基本的需求，而员工一旦成长，他们的需求就会有所不同。企业只有提供更高层次需求的满足，才能真正激励员工。另外，现在的基层职员的主力军大多是"90后""95后"，这部分群体父母的资金积累已经使其脱离了初级的需求。在这样的情况下，单纯的物质激励就有局限性。只有"未满足的需求"能够影响行为，已经得到满足的需求不能充当激励工具。

二、年轻员工的需求解读及非物质激励设计

有不少企业管理者抱怨：

为什么学习了大量管理知识，参加了不少管理培训，还是难以管理"90后""95后"员工？

为什么邀请了名师给"95后"员工培训，仍然不见成效？

为什么"95后"员工总要挑剔上级、抱怨企业、不懂感恩？

为什么明明开了不错的薪水，"95后"员工还是工作懒

散、敷衍了事，动辄辞职走人？

为什么"95后"员工什么事都关心，就是不关心自己的工作？

这么多的为什么折射出一个问题：现在的年轻员工不好管。这个问题是每家企业必须面对的问题，未来"95后""00后"员工成为主力军，也成了企业的核心竞争力，要想赢得未来，就必须懂得这些年轻人的需求，然后对他们进行有效的激励，只有这样才能留住他们的心，驱动并赋能他们。

不少管理者是"70后""80后"，他们依然沿用传统的管理模式，强调控制、规范、等级、服从、改造等，但这些方法对于"95后""00后"的年轻员工已经渐渐失效。

以"95后""00后"为代表的新一代员工，他们的思维方式和行为方式较之前的职场人有着鲜明的风格。他们关注人的基本权利，关心精神感受，强调爱和自主，擅长个体努力多于团队合作；他们自我意识强，对人对事有自己的判别标准；他们拥有与生俱来的自信和底气，并且比上一辈的视野更开阔，对权威不会盲目崇拜，心里有了想法不会拐弯抹角或沉默，而是选择更直接和真实的表达。在团队中他们关注公平、公正，信奉用实力说话。"真诚""拒绝画饼①""言行一致""公平公

---

① 画饼是网络用语，多指上司给的空头承诺。——编者注

/ 微服务，心体验 /

正"等词是"90后""95后"员工口中的高频词。

那么，这些年轻员工有哪些需求呢？

第一，对管理者的期待。在年轻员工的心中，他们希望企业的管理者专业能力强、公平、有担当、真诚关爱员工、大气有格局、包容有耐心、言行一致讲原则等。年轻人崇拜领导，尤其信任那些专业水平高且有能力的管理者，希望通过跟随他们也能成为同样厉害的人。年轻员工以真诚示人，也希望管理者不摆架子，卸下伪装，真诚待人从而大家同频共振。在他们眼中，管理者的第一要义是平易近人、好相处。管理者需要自身本领过硬，在员工束手无策时给予指导，而不是不管不顾，做一个以锻炼员工为由的甩手掌柜。

第二，对理想团队的期待。团队氛围好不好对年轻员工的去留起着决定性作用，尤其"90后""95后"，喜欢团队协作和共同成长，注重良好的团队氛围和团队成员之间顺畅的沟通与协作。

第三，对个人意见自由表达的期待。年轻员工知无不言，不会藏着掖着，更愿意和领导或同事畅所欲言，从而得到帮助和指导，而不是被指责或打压。一旦发现自己不被理解，年轻员工就会有离职的风险。

基于以上三点，企业该如何对年轻员工进行非物质激励呢？

第一，管理年轻员工的入职期望，建立心理契约。在员工进入企业之后要及时建立心理契约，让他们明确"在工作中应该付出什么和应该得到什么""我应该怎样对人，以及别人应该怎样对我"等。当新员工入职期望高于实际感受时，会出现强烈的心理落差，而这种错位在当下职场非常普遍，管理者如何将年轻员工的精力与热情引导到他们期望的轨道上，并帮助他们尽快成为一名合格的职场人尤为重要。

年轻员工普遍受过良好教育，对未来有强烈的期许，热衷挑战感兴趣的目标，管理者应该给予他们阶段性的预期管理，提供资源协助他们完成不断升级的挑战。遇到问题不要指责和打击而要进行疏导和帮助，用开放的心态接纳他们犯下的错误，管理者需要帮助他们聚焦于眼前的工作，引导他们用高涨的热情把手头工作做好。年轻员工可能并未如他们自己想象中的那样做好准备。此时需要通过培训帮助他们建立正确的角色意识。在日常管理和培训带教时，表达对年轻员工的期待，利用榜样示范和群体压力，使其能够主动转变并呈现出组织期待的面貌。

第二，因为年轻员工对良好的团队氛围有着较高的期待，所以良好的工作环境和和谐的工作氛围对于新生代员工来说非常重要，这是他们愿意留在企业的重要原因。这些年轻员工打造有趣又有爱的工作空间，往往说明他们愿意留在企业。管理者需要比以前付出得更多，不但需要履行管理职责，更需要付出个人情感。管理者营造氛围时，应更多地关注员工的内心需求，通过切实可行的手段，真正打动员工，让他们顺利融入团队。

第三，让年轻员工在工作中发掘自己的兴趣点。年轻员工对委屈的容忍度较低，他们希望在工作中实现自我价值。如果工作过于麻烦且充满压力，他们肯定难以承受。只有将工作与他们的兴趣相结合，管理者可以和员工一起去发现工作中的乐趣和惊喜。例如，通过流程改造或者创造一些仪式感行为，让年轻员工获得不同于往常的新工作体验。找到他们真正需要的是什么，才能做到有的放矢。

年轻员工持有多变的职业观念，他们渴望尝试不同的工作，同时认为企业的责任是为员工提供职业发展机会，他们更看重企业是否能培养员工，使其拥有"可迁移"的核心竞争力。因此，年轻员工普遍存在忠诚度低、频繁跳槽的情况。管理者需要转变意识，认识到企业与年轻员工已经不再是传统的雇佣关系，取而代之的是新型的合作伙伴关系。

📁 案例

建立兴趣学习小组，让员工充满能量

某次培训课程上需要规划团队愿景，其中一个小组在展现未来的愿景时，将翱翔的雄鹰、漂亮的孔雀、犀利的猫头鹰还有可爱的和平鸽画得栩栩如生。我不禁好奇地问道："你们平时很喜欢画画吗？为什么在这么短的时间里能画得这么惟妙惟肖？"组长王雨涵告诉我："老师，我们公司为了提升大家的审美能力和鉴赏能力，特意为我们成立了彩铅小组。因为我很小的时候喜欢画画，被大家推举为组长。现在我重拾画笔，带领大家学习画画，在创作的过程中，发现美和感受美，这样我们就能更好地给客人推荐合适的服饰。我们公司还有手工小组，每周都会做很多手工小礼物，比如小发卡、零钱包、收纳盒、笔袋、毛衣挂饰，大家都很积极地参加。兴趣学习小组的建立一方面培养了大家的动手能力，另一方面还可以为团队减压。做好的小礼物，我们也用来送给客人，因为是手工打造的，很多客人都很喜欢。我们最近还成立了英语小组，我们的部门经理专门为我们请到了她的中学英语老师。因为老师已经退休了，空暇时间比较多，所以老师每天在微信群里为大家讲授日常英语口语，有兴趣的同学可以在微信群里跟读，老师会一对一地纠正，大家都学得很认真。"学习英语不仅是因为工作中可能会碰到外国朋友，自己出国旅游也能用上。这家公司不仅为员工提供系统的专业培训，还为大家组织丰富多彩的兴趣小组，难怪她们的工作状态一直很好，销售业绩也相当可观。

三、资深员工的需求解读及非物质激励法设计

资深员工也可以称为"企业的老员工"，相较于"95后""00后"的员工，"80后""90后"进入职场的时间更早，已经有了一定的职业经验和工作经验。资深员工为企业服务多年，一开始干劲十足，久而久之，就进入了职业倦怠期，开始得过且过地"混"日子。管理者应该如何激发他们的工作热情和上进心呢？

不同的资深员工的需求也各不相同，这也为管理增添了艺术性。对于管理者而言，要想更加有效地激励他们，就需要掌握成就动机理论[①]。

资深员工在现代化转型阶段长大，这一时期物质资源丰富、社会思潮多样化、推崇个性。在工作中，他们并不会心甘情愿地遵循规定和流程，他们希望从事自己感兴趣的工作，希望表达自己的观点，希望尝试不同的方法。因此，资深员工具有很强的自主性、创新性以及兴趣导向性。另外，他们的价值观不再是"不找借口，甘愿做一颗螺丝钉"，而是更有个

[①] 成就动机理论是指在人的成就需要的基础上产生的，激励个体乐于从事自己认为重要的或有价值的工作，并力求获得成功的一种内在驱动力的理论。——编者注

性，勇于表现自我、释放活力。这样的员工接受不了传统的管理方式，比如层层管理、逐级命令，更接受不了官僚主义。

资深员工的需求首先是权力。资深员工因为在某家企业或某个岗位上工作久了，对流程的把控和服务的意识都有了更成熟的体会，他们想成为某一群体或领域的领导者，从而用自己的经验来影响他人。

其次，资深员工拥有成就和荣誉动机。如果资深员工在一家企业或岗位上做得没有成就感，往往会认为自己的价值没有得到认可，企业就无法留住这类资深员工。

最后，资深员工拥有亲和动机。他们希望建立良好的人际关系，团队之间相处融洽。"80后"是集体主义正式向个体主义过渡的一代，他们既有对集体主义里为大家振臂高呼的领袖情节的怀念，又兼备新个体主义里对于公正公平、人本关怀的向往。他们欣赏的管理者是有福同享、有难同当，力挽狂澜的英雄型管理者。他们希望团队氛围好，处于互助、共享的状态。

为了提升资深员工的体验，企业应该如何进行非物质激励的设计呢？

第一，向资深员工授权。晋升对于他们来说是最好的激励，中小型企业的发展空间相对狭小，那么管理者要依据公司实际情况制订明确的发展规划，并与资深员工分享，为他们提供学习和成长的机会；大型企业可以选择一些替代晋升的方式缓解他们的压力。比如，为他们提供深造的机会，让他们增长技能的同时看到继续工作的可能性，或者通过轮岗制度让老员工对工作的广度和深度有新的认识。

第二，使资深员工获得成就感并实现个人价值。设置企业内部的多个标杆形象。例如进行办公室6S[①]评比，设置三星到五星的标杆工位，每次评比结束后安排其他员工进行榜样学习。此外，要让获得荣誉有仪式感。例如在颁布员工业绩排名的时候，一定要召集全体员工，对前三名员工进行公开表彰，鼓励大家继续再接再厉。每个荣誉的设置要有持续性，不能坚持一段时间后不跟进。要让荣誉感成为企业文化之一，渗入到工作的各个环节中去。

第三，满足资深员工的亲和需求。"80后"是主动性强和进取心强的一代人，但前提是必须让他们做他们真正感兴趣的事，否则只会换来敷衍的应付。他们不喜欢爱训斥、推卸责任、卖弄权威的管理者，但如果管理者魅力十足，那么他们会

---

① 6S是整理（Seiri）、整顿（Seiton）、清扫（Seiso）、清洁（Seiketsu）、素养（Shitsuke）、安全（Safety）这六个词的缩写。5S活动最早在日本开始实施，日本企业将5S活动作为管理工作的基础，在此基础上推行多种品质管理方法。随着企业进一步发展的需要，有的企业在原来5S（整理、整顿、清扫、清洁、素养）的基础上又增加了"安全"这一要素，从而形成了现在的"6S"管理。——编者注

由衷地敬仰。因此，管理者需要改变传统的管理观念和领导形象，注重领导方式的人性化与科学化，营造平等、开放的氛围，努力把自己打造成魅力十足的管理者。

四、员工体验地图和敬业调查

针对客户体验有客户体验地图，针对员工体验也可以设计一个员工体验地图，以此来发现员工体验的关键时刻，从而创造出差异化的优势。员工体验地图是描述、记录员工从接触招聘信息到离职整个过程中各个重要阶段的综合体验信息，包括工作流程、关键接触点、感受、痛点、期望和机会点等。人力资源部门应该对员工进行细分，并为不同员工建立角色，以了解重要的接触点，以及这些接触点在满足需求方面的情况，或者是否需要改进。然而，关键在于要善用这些信息（图6-2）。

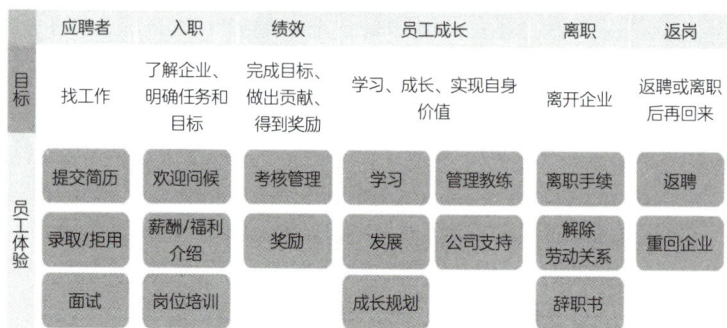

	应聘者	入职	绩效	员工成长		离职	返岗
目标	找工作	了解企业、明确任务和目标	完成目标、做出贡献、得到奖励	学习、成长、实现自身价值		离开企业	返聘或离职后再回来
员工体验	提交简历	欢迎问候	考核管理	学习	管理教练	离职手续	返聘
	录取/拒用	薪酬/福利介绍	奖励	发展	公司支持	解除劳动关系	重回企业
	面试	岗位培训		成长规划		辞职书	

图6-2　员工体验地图示意

/ 微服务，心体验 /

员工体验可以根据员工的诉求变化和企业发展战略进行进一步的优化，根据企业内部的实际情况调整员工体验地图的项目。之后，根据员工体验地图找到员工体验的关键时刻，收集员工的心声，发现员工在整个企业从入职到离职中各环节的痛点。可以采访员工，也可以整理员工体验地图中的相关信息：员工在体验的全过程中的哪些部分/过程出现了问题？主要在哪个环节开始有了抱怨（使员工的积极性消失，或者造成人员流失了）？为什么人员流失了？通过这些问题，了解员工痛点在哪，企业就可以在员工体验地图上标注出来，从而有针对性地去提升和改进。

除了绘制员工体验地图，还有一个方法能够发现员工体验是否良好，那就是通过9个方面对员工敬业度进行调研。

员工敬业度研究源于美国盖洛普咨询有限公司，他们经过近40年的研究，建立了"盖洛普路径"的模型。模型可以简单描述为"企业根据自身发展优势因才施用——在优秀经理领导下发挥员工所长驱动员工敬业度——敬业的员工发展了忠实客户——忠实客户驱动可持续发展——可持续发展驱动实际利润增长——企业实际利润增长推动股票的增长"。

研究表明，员工敬业度是在给员工创造良好的环境，发挥其优势的基础上，使每个员工产生一种归属感，产生"主人翁责任感"。所以，企业要想让员工获得良好的体验，需要对员工敬业度进行调研。通过调研，可以发现员工在哪些地方不满意，哪些地方感觉良好，以此来改善员工体验，使其敬业度更高。要有效地提升员工敬业度水平，就需要主动设计和管理员工的体验，进而提升他们在工作中的投入度。一般可以通过以下9个要素进行调查：

（1）认可。我在岗位上能够得到认可吗？在过去的一周，我是否因为工作出色而受到了表扬？离职的员工往往源于不被认可。

（2）快乐。工作中我能感受到真正的快乐吗？快乐的员工比普通的员工敬业度高10%。

（3）个人成长。在工作中，我有机会做我擅长做的事吗？工作单位有人鼓励我的发展吗？员工希望在工作和生活中得到成长。

（4）满意度。我对自己的薪酬福利和工作环境是否满意？

（5）健康。我的工作压力很大吗？我有良好的饮食和睡眠习惯吗？健康的员工更有精力且拥有更高的工作效率。

（6）形象代言。如果公司让我成为代言人，我会认为我们公司是最佳的工作场所吗？我们公司有值得骄傲的企业文化吗？

（7）人际关系。在工作中我与领导、同事相处融洽吗？我的同事是否致力于高质量的工作？我在工作单位有一个非常

/ 微服务，心体验 /

要好的朋友吗？

（8）意见反馈。有人对我的工作提出过建设性的指导意见吗？在过去的6个月内，工作单位有人和我谈及我的进步吗？

（9）公司价值。我为什么会留在公司，我看重的公司价值是什么呢？

通过以上这些方面对员工进行敬业度调查，能够看出员工在企业中的幸福指数是高还是低，如果员工表示自己享受工作，无论从薪资和认可以及个人成长方面，都能得到好的体验，那么他们就会备受激励，对工作的敬业度也会非常高。反之，员工的敬业度低则代表员工体验不好。当企业把员工体验放在首位，企业就离成功不远了。有意义的工作、优秀的管理层、良好的环境、成长的机会以及对管理者的信任，这些都能显著提升员工的敬业度。

员工体验体现在每个时刻，每一触点，每方角落。好的员工体验和好的客户体验一样，都不是一日形成的。客户体验可能还有一时惊喜，员工体验却只能日积月累，分时间、分步骤、有方法、有策略、有目标，需要诸多细节支持。